# これからの「総合的な学習」

## 情報の活用力を育む

齋藤 浩 [著]

学文社

# まえがき

　友人と食事をしたとき，彼に最近の新入社員の様子を聞いたことがある。すると，彼らの扱いにとても困っているということであった。
　「成績優秀で入ってきている若手だとは思うが，指示がないとまったく動けない。あるとき，忙しくて指示が出せないことがあったが，彼は何もせずに座って待っている。なぜ仕事をしないのかを尋ねると，私の指示がないからだと平気で言う。あまりにも無気力だから，もう来ないでいいと言ってみたら，その後どうしたと思う。私の最後の指示もきちんと守り，翌日から出社しなくなったんだ」。
　小学校の現場でも似たような事例を耳にした。担任がクラスの児童に理科室の廊下を水拭きするように頼んだという。その児童は掃除場所に行き，真面目に廊下の水拭きをしていたようであった。そこに理科担当の教師がやってきて，児童に理科室内の机上の水拭きも頼んだ。しかし，児童はこうこたえたという。
　「私は担任の先生に廊下の水拭きをするように頼まれただけで，それ以外のことは頼まれていません」。
　2007年3月，経済産業省は「企業の求める人材像調査2007」という報告書を出している。東証一部上場企業194，中堅・中小企業490，あわせて684サンプルの調査をしたものである。そのなかで，29歳までの若手社員に不足が見られる能力要素として，企業規模にかかわらず，多い順に「主体性」「課題発見力」「創造力」が指摘されている。まさに，先述した若手社員や小学校児童に見られた様子が顕著に出ているといってよいだろう。自ら考え，判断し，行動する力が不足しているのである。上司や担任の指示どおりにしか動けないという話も十分にうなずける。
　高度成長時代であればそれでもよかった。しかし，現代社会は変化のスピードの激しい，先行き不透明な時代である。個人にどのような試練や障壁が立ちはだかっていくのか，予想することすら困難である。だから，その場その場で

課題を正面からとらえ，解決していく力が必要とされているのである。

　楽観的な大人は，「それでも子どもは何とか育っていく」と言う。しかし，そのような力は自然に任せておけば，児童が獲得できる類のものであろうか。答えは否である。確かな教育を施さない限り，到底身につくものではない。「何とかなる」という大人の勝手な言い分で子どもを放置することなく，課題を解決するための手だてを未来を支える子どもたちにぜひとも教えていなかければならない。

　そのための機会が，「総合的な学習の時間」であるといっても過言ではないだろう。なぜなら，直面する課題と正面から向き合い，自ら解決していく過程を大切にする学習だからである。ただし，解決する過程をすべて子ども任せにしてはならない。それでは，解決のための術をもたない子どもたちは，ただ途方に暮れるだけだからである。教師が確かな解決方法を提示していく必要がある。

　本書は，ただ漠然と活動していくだけの「総合的な学習の時間」を否定し，確かな解決のための術を教えていく方法を提示するものである。ここでは，「何を学習するか」ではなく，「どのように学習するか」を重視している。それが，指示待ちではない，自ら考え，判断し，行動する児童を育成するものと信じている。

2009 年 7 月

齋藤　浩

# 目　次

## 序　章　これからの「総合的な学習」に課せられた役割　　1
　　1　新学習指導要領実施上のカギを握る総合的な学習 ………2
　　2　従来の「総合的な学習の時間」の反省点 ……………………4
　　3　新学習指導要領における総合的な学習の展開への懸念 ………5

## 第1章　情報活用能力を意識した探究的な過程　　9

## 第2章　情報の判断　　11
　　1　子どもが直面する情報の正体　………………………………11
　　2　情報活用に必要な判断力の獲得　……………………………13

## 第3章　情報の選択　　27
　　1　必要な情報を選択するための視点　…………………………27
　　2　選択力を獲得していく場　……………………………………35

## 第4章　情報の整理　　43
　　1　情報の加工　……………………………………………………43
　　2　情報の分類　……………………………………………………60
　　3　分類した情報の取捨選択　……………………………………72
　　4　順序の並び替え　………………………………………………73

## 第5章　情報の処理　　83
　　1　伝達する対象に応じた情報処理　……………………………83
　　2　伝達する目的や意図に応じた情報処理　……………………84
　　3　的確な言語を活用した情報処理　……………………………117

## 第6章　情報の創造 —— 121
　　　1　創造力を育む10のポイント ……………………… 122
　　　2　創造力を奪う教師の言動 ………………………… 151

## 第7章　情報の伝達 —— 155
　　　1　被伝達者の学習への参加 ………………………… 156
　　　2　とくに伝えたい部分の焦点化 …………………… 162
　　　3　役割分担や伝達方法の工夫 ……………………… 163

## 終　章　これからの「総合的な学習」への新たな期待 —— 171

引用文献・資料 ………………………………………………… 173

謝　辞 …………………………………………………………… 175

索　引 …………………………………………………………… 176

# 序章　これからの「総合的な学習」に課せられた役割

　平成10年版学習指導要領の目玉として誕生した「総合的な学習の時間」であるが，年間105〜110時間あったものが，2011（平成23）年施行の新しい学習指導要領ではその時間が70時間に削減されている。現場の教師の間では，こんな声がささやかれている。
　「本当は0時間にしたくても，導入した経緯もあって完全になくすことができないのではないか。」
　「この70時間を国語や算数に回したほうがよいのではないか。」
　「いつかはなくなる領域だから，真剣に取り組むこともないのでは…。」
　導入とともにくすぶり続けてきた不要論が，再び活気を帯びてきた。こうした意見が出るのもたしかにうなずける。なぜなら総合的な学習は，学習成果の即効性が低いからである。たとえば国語で，習った漢字をすぐに活用することができ，算数の分数を習えばその後に問題を解くことができる。それに対して，学んだすぐあとに活用することがむずかしい総合的な学習というものの存在は，実態不透明な価値のないものという印象をもたれやすい。
　今から100年以上前にアメリカの教育学者デューイ（Dewey, J.）はその著書『学校と社会』（*THE SCHOOL AND SOCIETY*）において，次のような指摘をしている。「現在の学校の悲劇的な弱点は，社会的精神に関する諸条件が，とりわけ欠けてしまっているような環境のなかで，社会的秩序を維持する未来の成員を準備しようと努めていることにある[1]」と。子どもたちはいずれ社会に出ていく存在である。社会に出る準備機関として学校が存在しているいう大前提に立つのであれば，学校のなかにこそ社会的な要素が含まれていなけれ

ばならない。学んだことが社会に出たときに役に立ち，社会に出たとしても学校にいるときとさほど大きな違和感を感じない，学校とはそんな存在でなくてはならないはずである。

　だが，従来の教科指導を中心とした学校教育では，社会に出たときに役に立つ学問を教えようという意識は弱かった。たとえば国語の時間に漢字の練習をし，作文の書き方を学び，文学作品の読解の仕方を習得するなどのことはしても，知識や技術または方法論を獲得することが中心であり，それを日々の生活で能動的に生かすような場がなかった。たとえば算数の時間に割り算を学び，計算の仕方から文章問題までこなせるようになっても，割り算を自分から使うような機会がなかった。つまり学んだことを生かせる場や機会もなく，「勉強のための勉強」という狭い範囲での役割しか学校は担ってこなかったのである。

　だからこそ，総合的な学習の時間は必要不可欠なのである。なぜなら，「生きる力」の獲得を求めて誕生した領域だからである。PISA調査（国際学習到達度調査）でも明らかなように，知識だけをもっていても国際的には何も評価されない時代に突入している。何を知っているかではなく，何ができるかが重視されるこの時代，総合的な学習に課せられた役割は大きいと感じている。

## 1　新学習指導要領実施上のカギを握る総合的な学習

　小学校学習指導要領解説「総則編」において，「生きる力」を重視する教育を継承することを再確認している。「生きる力」とは，「基礎・基本を確実に身に付け，いかに社会が変化しようと，自ら課題を見つけ，自ら学び，自ら考え，主体的に判断し，行動し，よりよく問題を解決する資質や能力，自らを律しつつ，他人とともに協調し，他人を思いやる心や感動する心などの豊かな人間性，たくましく生きるための健康や体力など[2]」であるとしている。

　また，総合的な学習の時間の目標は，「横断的・総合的な学習や探究的な学習を通して，自ら課題を見つけ，自ら学び，自ら考え，主体的に判断し，よりよく問題を解決する資質や能力を育成するとともに，学び方やものの考え方を

身に付け（後略）[3]」ることである。「生きる力」がさす内容と、「総合的な学習の時間の目標」は、ほぼ一致しているといってもよいであろう。つまり、総合的な学習の時間の目標に到達することができれば、併せて生きる力も身につけることができるはずなのである。総合的な学習の時間が、新しい学習指導要領を実施するうえでのカギとなるのは必至である。

さらに総則では、教育活動の展開として、「各教科では、基礎的・基本的な知識・技能を習得しつつ、観察・実験をし、その結果をもとにレポートを作成する、文章や資料を読んだ上で、知識や経験に照らして自分の考えを論述するといったそれぞれの教科の知識・技能の活用を図る学習活動を行い、それを総合的な学習の時間を中心に行われている教科等を横断した課題解決的な学習や探究活動へと発展させることが重要である[4]」ことを説明している。「知識・技能の習得」→「知識・技能の活用」→「総合的な学習の時間での課題解決学習・探究活動」という順序で教育活動が展開するというのである。総合的な学習の時間が、教育活動における1つのゴールとなっていることを示すものだといってもよいであろう。

今回の学習指導要領改訂の目玉のもう1つである「言語活動の充実」が、「総合的な学習の時間編」でも記述してある点も見逃せない。「言語により整理したり分析したりして考え、それをまとめたり表現したりして自分の考えを深める学習活動を重視する[5]」というのである。これは基礎的・基本的な知識・技能を活用して課題を解決するために必要な思考力、判断力、表現力そのものである。まず体験活動ありきではなく、言語を活用することを重点化したところに、総合的な学習の時間にかける期待が伝わってくるようである。

ホワイトヘッド（Whitehead, A.）は、「我々は人類の歴史の中ではじめて、人の一生涯より社会や文化の変化のサイクルが短いという時代に生きることになった[6]」と指摘した。とくに現代社会はより変化のスピードが速く、学んだ知識がすぐに古い情報となり、生きている間に役に立たなくなる可能性が高くなってきた。だが、課題解決的な学習や探究活動はちがう。学んだ知識や技能を活用したり、関連づけたりする方法を獲得しておけば、時代によって知識

や技能がたとえ変化したとしても、対応することができるからである。つまり、総合的な学習の時間とは、普遍性をもった学習の方法を学ぶ時間なのである。新しい学習指導要領の理念が具現化されるかどうか、まさに総合的な学習の時間がカギを握っているといってもよいだろう。

## 2　従来の「総合的な学習の時間」の反省点

　学校現場で実践されている多くの総合的な学習の時間の取り組みは、はたして「知識基盤社会」の時代に対応できる子どもを育むものであろうか。たとえば、川の美化を学習課題としてゴミ拾いをし、緑化活動を課題として花を植えるといった類の取り組みをよく耳にするが、それでは道徳におけるボランティア活動や学級活動の時間となんら変わりがない。たとえば、クラスみんなで稲を育て収穫や脱穀を経て最後には米を食べるという取り組みを聞いたことがあるが、そうした経験が新しい時代を生きていく力に直結するとも思えない。
　多くの体験活動を入れ、子どもがたち感動の涙を流し、教師とともに成就感を味わったとしても、その経験が新しい時代を生き抜いていく力となっていかなければ学習の意味がないのである。急激に変化する社会の流れに対応する力というものを意識せず、ただ「楽しい」というものを前面に出しても、それは「こうすると楽しい」という思い出をつくっだにすぎないのである。
　それにもかかわらず、まず活動ありき、まず楽しさありきの実践が多いのはなぜだろうか。それは指導者である教師が、総合的な学習の時間の意味を的確に把握していないためである。過去の経験をもとに「こうすれば力がつきそうだ」という安易な仮説を立て、安易な活動に終始しているケースが多い。また、子どもがある程度楽しんでいるような反応を見せると、教師という存在は往々にして自分の実践を是とする傾向があるが、そうした風潮も危険である。たとえば子どもたちと何かをつくりどこかへ出かけ、ある一定のまとめをした段階で学習が完了したと誤解してしまうことがあるからである。そうした実践を目にするたびに、「今までもこうして来たのだから、今回の学習でもたぶんこの

方法で大丈夫だろう」という，子どもの成長や社会の変化を無視した，あくまでも教師サイドの都合による結果重視の学習ではないかという否定的な感想をもってしまう。

そうした懸念は，小学校学習指導要領解説「総合的な学習の時間編」の，「ただ単に体験活動を行えばよいわけではなく，それを問題の解決や探究活動の過程に適切に位置づけることが重要である[7]」という指摘からもうかがえる。総合的な学習は結果重視の学習ではなく，過程重視の学習であるはずである。何をしたかに力点をおくのではなく，どのような力を獲得していったのかに力点をおく学習でなければならない。そこがわからない実践があまりにも多すぎたことが反省点であり，ここを解決しないかぎり，「生きる力」の獲得など夢のまた夢である。

基礎的・基本的な知識・技能を活用して，課題を解決するために必要な思考力，判断力，表現力等をはぐくむためには，各教科で習得した知識・技能を相互に関連づけながら解決するといった探究活動が求められる。ここで大切なのは，関連づける方法を教えることである。それも，言語を用いて関連づけるという方法をである。従来の総合的な学習の時間の反省を受け，われわれ教師は二度と同じ失敗を繰り返さないようにしなければならない。

## 3　新学習指導要領における総合的な学習の展開への懸念

### (1)　学習過程のあり方についての問題点

総合的な学習の時間では，横断的・総合的な学習や探究的な学習を行うことを目標としているが，探究的な学習の過程を「① 課題の設定，② 情報の収集，③ 整理・分析，④ まとめ・表現[8]」という一連の学習活動であるとしている。学習過程を明示したことは評価できるが，はたしてこの４つの流れで十分かというと，はなはだ疑問である。なぜなら，学習に必要なすべての要素を満たしているとはいえないからである。

「第３節　育てようとする資質や能力及び態度の設定」における，「学習方法

に関すること」の記述を見てみよう。児童が横断的・総合的な学習や探究的な学習を主体的，創造的に進めていくために必要な資質や能力および態度について例示している[9]。

- 問題状況の中から課題を発見し，設定する
- 解決の方法や手順を考え，見通しを持って計画を立てる
- 手段を選択し，情報を収集する
- 必要な情報を収集し分析する
- 問題状況における事実や関係を把握し理解する
- 多様な情報の中にある特徴を見付ける
- 課題解決を目指して事象を比較したり，関連づけたりして考える
- 相手や目的に応じて，分かりやすくまとめ，表現する
- 学習の仕方や進め方を振り返り，学習や生活に生かそうとする

ただ，ここに問題がある。探究の過程と必要な資質や能力等とが合致いていなければならない。だが，「必要な情報を収集し」「問題状況における事実や関係を把握し理解する」「多様な情報の中にある特徴を見付ける」「関連づけたりして考える」等に該当する探究の過程がないのである。「整理・分析」の説明として，「情報を比較したり，分類したり，関連づけたりして情報内の整理を行う[10]」とあるが，「関連づけて考えること」と，「関連づけること」とは大きな隔たりがある。

学習活動も例示してみよう。言語によりまとめたり表現したりする学習活動では，「分析したことを文章やレポートに書き表したり，口頭で報告したりすることなどが考えられる[11]」としている。だが，分析したことをそのまま文章やレポートにするということが，効果的な学習過程であろうか。

分析した内容が正しいかどうかを吟味し，必要な情報を残し不要な情報を捨てるといった取捨選択の過程が，場合によっては入ってくるはずである。分析したあとにまとめを行うという過程が，絶対的なものだともいいきれない。分析結果を受けて，再度足りない情報を判断し，収集の活動を再度行う可能性も

ある。

　先述したように、「課題の設定→情報の収集→整理・分析→まとめ・表現」といった過程を明示したことは、先の学習指導要領に比べると一定の評価はできるものの、さらに汎用性をもつ探究の過程に対する考え方が必要だといわざるをえない。

(2) 探究の過程における各要素の説明不足

　たとえば「整理・分析」について、どう考えさせたいのかが問われるとして、「比較して考える、分類して考える、序列化して考える、類推して考える、関連づけして考える、因果関係から考える[12]」と、具体的な内容を示しているという。

　また、「まとめ・表現」についても、具体的な活動例として、「調査結果をレポートや新聞、ポスターにまとめたり、写真やグラフ、図などを使ってプレゼンテーションとして表現したりすることなどが考えられる[13]」と、いくつかのパターンを紹介している。

　だが、はたして、言葉の簡単な説明をしただけで十分だといえるであろうか。私はここに、もう1つの大きな問題があると考える。それは、「① 言葉の意味についての説明不足」と「② 何をするかではなく、どのように考えればよいかという視点の欠如」である。

① 言葉の意味についての説明不足

　たとえば、「整理・分析」の思考のパターンとして示されている、「関連づけして考える」「因果関係から考える」といったこととは、一体どのような子どもの姿であろうか。言葉の意味としては理解できるであろうが、多くの教師が実際の子どもの姿としてイメージすることはむずかしいはずである。このままでは、整理や分析に対するとらえ方が曖昧となり、探究の過程そのものに綻びが生じることは必至である。完全なる説明不足である。

② 何をするかではなく、どのように考えればよいかという視点の欠如

　たとえば、「まとめ・表現」の具体的な活動例を見てみよう。レポートや新

聞，ポスターなど，まとめる形式については書かれているが，まとめるためにはどのような思考や判断が必要かという，まとめにいたる過程が記述されていない。「分析したことをレポートにしなさい」と言っても，子どもはどのようにしてレポートにすればよいかわからないはずである。「ポスターを書きなさい」と言えば，子どもは喜んでポスターを書くであろう。ただ，どんな力がついたかというと，じょうずなポスターを書く技術を得たにすぎない可能性もある。

　レポートにしてもポスターにしても，それぞれでき上がるということは，まとめとしての結果にすぎない。大切なのは，完成させることではなく，「どのようにすればまとめられるのか」という方法論を児童が身につけられるようにすることである。「分析→まとめ」という流れで十分だと考えてしまい，「まとめ」の学習活動のなかに存在するさらなる細かい過程に対して目が向かなくなるのは，とても危険なことである。このままでは，写真やグラフを使えばよいプレゼンテーションになるという曲解をしてしまい，総合的な学習の時間はただ子どもが活発に活動していればよいという，再び同じまちがいを繰り返さないともいえない。

　総合的な学習に課せられた役割とは，生きる力の獲得にほかならない。生きる力とは，今を生きる力だけではなく，一生涯を生き抜いていく力のことである。目の前の学習活動を完結させることに固執することなく，一生涯にわたり活用していけるような，汎用性のある学びをぜひとも提供したいものである。

# 第1章　情報活用能力を意識した探求的な過程

　先ほど、「必要な情報を収集する」「問題状況における事実や関係を把握し理解する」「多様な情報の中にある特徴を見付ける」「関連づけたりして考える」等に該当する探究の過程が、新学習指導要領の記述にはないことを指摘した。

　必要な情報を収集するためには、必要だと考えられる情報を意図的に選択する能力が不可欠となってくる。事実や関係を理解したり、複数の情報のなかから一定の特徴を見つけたりするためには、情報の内容や形式を判断する力が備わってなくてはならない。複数の情報を関連づけるためには、関連づけるための整理法を知るだけでなく、新しい情報を創造するための手立ても、方法論として付加していかなくてはならない。

　「分析したことを文章やレポートに書き表したり、口頭で報告したりすること」も、「分析→まとめ」の学習過程の妥当性を示すために例示しているが、分析した内容をすべて文章化したのでは、情報量が膨大になりすぎる懸念がある。そこには不要な情報が入る可能性も否めない。情報の内容を再度判断したうえで、選択という活動が入ってくる可能性がある。文章化する過程で気づいた視点に基づき、新たな情報を創造する可能性もある。

　また探究の過程は、各教科等の指導でも活用できるような、汎用性のあるものでなくてはならない。「状況に応じて自在に活用することができる知識や技能が、社会的にも、国際的にも求められている[14]」からである。活用力は全教育課程でめざしていかなくてはならない。そうすると、小学校学習指導要領解説「総合的な学習の時間編」にあるような、「課題の設定」をした後、「情報の収集」→「整理・分析」→「まとめ・表現」という探究的な学習の過程はや

や問題となってくる。国語や算数をはじめとした各教科でも活用できる流れとは考えにくいからである。

　そこで着目したのが，堀口秀嗣（前国立教育政策研究所・総括研究官）が情報活用能力の定義としてあげている考え方である。堀口は情報を活用する流れを，『情報の判断，選択，整理，処理能力及び新たな情報の創造，伝達能力[15]』としている。探究の過程から抜け落ちている「判断」「選択」「創造」という要素が入っているところが特筆すべき点である。また『情報の判断→選択→整理→処理→創造→伝達』とせず，並列的な書き方をしている点も評価できる。たとえば，「整理」したあとに再び「判断→選択」するといったような過程も十分考えられるからである。堀口の情報活用についての考え方は，国語や算数の研究でも成果を上げている。2007（平成19）年に神奈川県相模原市立大沼小学校では，「情報活用を意識した国語科の授業改善」というテーマで，情報活用の過程を意識した研究発表を行っている。説明的文章や物語文の読解をはじめ，国語科のすべての単元で情報活用の過程を生かすことができ，その効果が「話す力」や「聞く力」にまで波及するというのである。2008（平成20）年の神奈川県算数・数学教育研究大会においても，「情報活用を意識した算数科の指導」というテーマで発表がされている。文章題における四則計算適用の判断力を高めるための取り組みとして発表されたものだが，文章題中の言語情報を判断・選択・整理・処理等していくことでより理解が深まるだけでなく，ほかの学習内容でも活用できるものであるという報告であった。堀口の情報活用に関する考え方は，総合的な学習だけでなく，各教科でも活用することができるという汎用性の高いものであるといえよう。

　このように本書では，「課題の設定」をしたあとに，『情報の判断，選択，整理，処理及び新たな情報の創造，伝達』といった6つの要素を探究の過程としてとらえるとともに，それぞれの過程における学習活動とは何をさすのか，細かく説明するだけでなく，併せて例示まで行っていくつもりである。そうすることで，探究の過程における各要素の説明不足という課題に対応することができ，必ずや効果的な総合的な学習が展開されるものと考えるからである。

# 第2章　情報の判断

## 1　子どもが直面する情報の正体

　子どもにとって五感を使って得るものすべてを情報とするのであれば，生活している24時間が情報との遭遇ということになる。ただし，すべての情報を意識化して，自分のなかで処理しているかというとそんなことはない。情報に接していても，意識をしていない場合がほとんどである。だが子どもが一日のなかでほとんどの情報を意識化する時間がある。それは，学校生活である。学校生活は自分の自由にはいかない，能力の伸長を求められる場所である。そこでは，多くの情報を活用していく力が必要となってくるのだ。

　したがって，子どもたちが直面する情報の正体を知ることが，まず教師に求められる。目の前にある対象を情報ととらえるきちんとした認識ができていなければ，情報としての価値や意味に気づかないばかりか，活用していく機会を失っていく結果となるおそれもあるからだ。

　ここでは情報の正体について種類別に分類していくが，情報の発信者を主体として考えるのではなく，受信者を主体として分けてみた。

### (1)　一方通行型情報
　これは，好むと好まざるとに関係なく，一方的に与えられる情報のことである。一斉授業における教師の指導場面は主にこれで，総合的な学習におけるオリエンテーションや概論的な説明で獲得された情報もこれに該当する。

(2)　双方向通行型情報

　これは、主に相手との対話や情報交換によって獲得される情報のことである。教師や親など大人との対話では、正確な情報が得られる可能性は高いが、友だちとの対話では曖昧な情報が入る可能性もあるので、よく吟味しようとする姿勢も大切である。

(3)　依願獲得型情報

　自分で「こうした情報を獲得したい」という意志をもって、詳しいことを教わろうとする情報のことである。情報を得る対象は、本や資料であったり、教師であったり、親や地域の人々であったりするだろう。獲得されるのは、自分にとって必要な限定された情報である可能性が高い。

(4)　内省獲得型情報

　「自分の活動は適切であろうか」「集めた情報は役に立つものであろうか」等、自分の活動をふりかえっている過程で得られた情報のことである。たとえば、自分の活動の適切さや情報の信憑性を吟味するためには、さらにそれらを判断する情報が必要となってくる。そうして得られた付加的な情報こそが、ここでいう内省獲得型情報である。

(5)　自然獲得型情報

　自分にとって必要だと感じていない情報でも、あとになって「あの時のあの情報を使ってみよう」と感じるような情報である。または、意識していなくても、自然に自分の身についている情報のことである。もう一度この情報を活用しようと思ったときには、詳細なものを再度入手しようとする姿勢が不可欠である。

## 2　情報活用に必要な判断力の獲得

　さまざまな種類や角度からの情報を処理するためには，ただ勘に頼るのではなく，ある程度「こうすれば的確な判断になる」というものをもってなくてはならない。情報というのは，すべて本人に都合のよいものだけが入るわけではなく，逆に判断を迷わす情報のほうが多い場合さえある。したがって，総合的な学習の時間をはじめ，各教科やあらゆる学校生活の場を活用して，判断の仕方や方法を獲得させていく必要があるのだ。そこで判断が必要だと想定される場面を例示し，実際の解決方法を示していこう。

(1)　一方通行型情報に対する判断
　一方通行型情報は，教師をはじめとした大人から得られることが多いため，情報の信憑性は高い。しかし，相手に対する信頼感の厚さから，無条件に情報を受け入れてしまう危険性もある。担任の教師がクラスにおいて，「学校の近くの公園をみんなできれいにしよう」と言ったとき，それに異を唱える子どもは少ないであろう。だが同じ担任教師が，「公園の美化活動はやめて，地域の老人ホームの方と交流しよう」と言ったら，多くの子どもの意識がそちらに流れるはずである。
　「子どもというのは，まだ小さな人間である[16]」ため，まだ自分の判断にそれほど自信がもてない。そのような彼らに権威ある対象からの一言は，判断力を鈍らす原因となることは必至である。教師は子どもに自分の価値観を押しつけるのではなく，そのような一方通行的な状況でも，的確な判断ができるようにさせていかなければならない。具体的には，次のような判断の仕方を教えていくことが必要だと考える。
　① 自分の取り組んでいる課題の目標に照らし合わせて判断する
　その目標を達成させるために，必要な情報であれば受け入れ，不必要な情報であれば切っていくようにさせる。たとえば，「美化活動を通じて，地域を愛

する人間になる」という目標をもっている子がいたとする。この子には地域の方からの清掃ボランティアに関する情報は必要なものだが、たとえば、ほかの地域からのボランティアの誘いはあまり関係のない情報である。自分は何をしたいかという目標を、絶対的な尺度にすることが大切な要素である。

② 子ども一人ひとりのもっている個性や適性と照らし合わせて判断する

もともと総合的な学習は、物事の解決力という自分の力量を伸ばすために行っている。つまり情報を得て、自分が実際にやろうとすることが、自分を成長させるかどうかを考えることも判断の基準となっていく。たとえば、「地域の老人ホームについて調べる」という課題をもった子が、コミュニケーションが苦手でそこを伸ばしたいと思っているとしたら、本や資料で調べるよりも、実際に訪問して質問なり会話をしたほうがはるかによい。そのためにも普段から自分と向き合う機会をつくっておくことも重要である。

③ 迷っている部分を明らかにして相談した結果で判断する

ただ漠然と相手に相談しても、相手は多くの情報を提供することで本人の悩みに対応しようとするので、よけいに多くの情報が氾濫し悪循環となってしまうおそれがある。とくに、相談した結果に対するこたえは一方的な場合が多く、注意が必要である。そこで的確な判断につなげるため、次のような材料を準備をして相談することが不可欠である。

- どの情報の選択で迷っているのか？
- なぜそれらの情報のなかから選択するのに迷っているのか？
- それぞれの情報を選択して実践した場合、どのような結果が予想されるのか？
- それぞれの情報を選択して実践した場合、どのような人間に成長すると考えられるのか？
- それぞれに付随する物理的な条件は何かあるのか？

(2) 双方向通行型情報に対する判断

双方向通行型情報は、相手といろいろな話をしていくなかで得られる情報な

ので，正確でなかったり，自分の意図とちがう情報が入ってきたり，安易な方向に流されてしまったりする危険性もある。判断をしていく基本的な姿勢は一方通行型情報の場合と同様だが，とくにグループなどで取り組む場合は，次のような5点に注意をして決めていく必要がある。

① 話し合いの論点を明確にして判断する

共通の視点で話をしているようでも，それぞれのもっている感覚のちがいから，論点がずれてくる場合が多々ある。したがって，「自分はこうした観点から考える」と思うだけでなく，互いに論点を口に出して明確にしたうえで話し合うことが大切である。川の環境を考えるという課題をもっているとしたら，川の名前の由来，川で遊べそうなことなど，本題とは関係のない情報を切って，残った関係ある情報のなかで判断していけばよいのである。

② 対話の途中で情報の信憑性や的確性を吟味する

人間は相手の感情を気にする生き物なので，話し合いがかなり進んでから「やはり今回の話し合いは意味がなかった」と指摘しあうことはむずかしい。そこで，話し合いの途中でも，自分たちで対話の的確性を評価しあうことは，判断を鈍らせない要因となる。したがって，それが可能な人間関係を日常からつくっていくことを訴えることも不可欠である。

③ 限定された相手とばかり対話をしない

あまり多くの情報を受信すると選択に苦労することとなるが，偏った一面からだけの情報は真実とかけ離れてしまう危険性もある。人と話をするときはどうしても自分の仲のよい相手が中心となるが，多くの相手と双方向コミュニケーションを取ろうとすることは真実と向き合う契機となる可能性が高い。また，社会に出るということを前提に教育が行われていることを考えると，どのような相手とも話して情報を得ることができるということは，いわゆる生きる力を育んでいるということもできるであろう。

④ 対話から生まれた結論を絶対視しない

人間は感情的な動物であることを考えると，人との対話から導き出された結論に，感情的な要素が混入される可能性は否定できない。ここでの結論も1つ

の情報ととらえ，資料を調べたり，取材をしたりした内容と統合して考えることが大切であろう。

⑤ 適度な双方向をめざす

対話をめざしていても，片方から流れる情報に偏っていたのでは，一方通行型情報となんら変わりがない。その結果，相手の感覚につられてしまうことも懸念される。適度に相手との情報交換がされることは，感情的・感覚的に引っ張られる危険性を少なくし，的確な情報を得られる可能性を高めていくことにつながるはずである。

(3) 依願獲得型情報に対する判断

自分で求めていた情報に出会ったと感じたとき，見つけたうれしさからその情報をそのまま活用してしまう可能性が高いであろう。だがここでも冷静に，その情報が的確かどうかを判断することが大切である。なぜなら，総合的な学習で大切なのは，求めていた情報と出会うことだけでなく，よりよく問題を解決することだからである。この「よりよく解決した」ということは，自分が主観的に感じることではなく，まわりからも評価され，その後の人生でも活用することのできる力のことである。つまり客観的によりよく解決できたという過程や結果なのである。

そこで自分が苦労してなんとか獲得した情報でも，客観的に見ても的確なものかどうかを判断しなくてはならない。ときとして，その評価を自分一人でしなくてはならない場面もあるだろう。したがって，探し当てた待望の情報を目の前にしても，次のような内容を吟味する必要がある。これが判断力を磨いていく要素となってくるのだ。

① 獲得する方法が的確な手段かどうか確かめる

現代社会は情報の宝庫である。本や雑誌だけでなく，さまざまな機関から出される資料，インターネットの情報など，情報が氾濫しているといっても過言ではない。だが，そうしたすべての情報が自分の学習にとって有益かというと，それには無条件に賛成することはできない。なぜなら，自分の学習に合った方

法で情報を獲得しなければ，得られたデータを有効に活用することはむずかしいからである。たとえば，「地域の美化活動」に取り組もうとする子どもがいたとする。実態を調査するには，たとえば地域の人に取材し自分で出かけて観察するといった方法が考えられるが，これをインターネット等で検索して全国的なデータを拠り所にしても，あまり意味がない。最初に「どのような情報が必要なのか」を明確にし，次に「どのような方法でその情報を獲得するか」といったことを考えていくことが大切なのだ。

　したがって下記のように，情報の種類により調査する方法にちがいが出てくることを認識したうえで，自分の学習に適合したやり方を選択していけばよいのである。

〈地域限定の情報〉　商店街での様子や地域の自然環境などを知りたいと思っても，ホームページに掲載していることはそれほど多くない。また図書資料で調べても，一般的な概論について載っているだけで，その地域に限った情報を入手することはむずかしい。そこで，「実際に地域に出かけて取材をする」「全校を対象にアンケートを取る」「地域に住む人々にインタビューする」などの方法がより適しているということになる。

〈専門機関の情報〉　公的機関やその他の博物館・美術館・資料館などでは，それぞれの機関から専門的に資料を出していることが多い。それらをまず入手することから考えたい。また最近は，民間機関から講師を無料で派遣したり，博物館でも学芸員を派遣したりするような体制が充実しはじめている。それらの人的な要請をしてもよいだろう。また各機関から出されているホームページも充実している場合が多く，信憑性が高いので，安心して活用できる情報となる。

〈一般的な事象に対する情報〉　たとえば実験の方法がわからなかったり，言葉の意味がわからなかったり，工場の仕組みがわからなかったりした場合は，まずは図書室や図書館の本や資料で検索するべきである。そこでどうしても情報を入手できなかった場合は，インターネットで検索するという方法にうつるとよい。だが，パソコンの情報は量が多く，またキーワードと内容とに食い違

いのあることもあるので，最初から絶対視した信頼は危険であろう。また学校であれば教師に，家庭であれば自分の親にというように，大人から情報を得るという方法も一般的である。パソコンの検索の仕方についても彼らの助言を受けたほうがよいだろう。

〈特定の対象に対する情報〉　専門機関であれば，発行している資料を調べればよいが，そうでない場合はいっさい資料が公開されていない場合がある。たとえば，「○○川の氾濫の歴史について知っている人」「50年前の地域の様子を知っている人」などがそれである。そうした場合は，該当する相手から直接情報を得ることが考えられる。こうした相手の情報は，図書やパソコンから検索することはむずかしく，キーワードにかかわる諸機関や相手先にまず問い合わせるのが一般的な判断である。

たとえば，「○○川の氾濫の歴史について知っている人」をさがす場合は，キーワードが「○○川」なので，その川を管理する行政や漁業組合などに問い合わせるとよい。「50年前の地域の様子を知っている人」をさがす場合も，キーワードは「その地域」なので，地域にある公民館や老人会等から取材をスタートさせるという判断が一般的であろう。

② 獲得した内容が的確なものかどうか確かめる

ある程度，自分で結論が予想できていた場合は，獲得した情報と照合した結果が同じであれば，まずその情報をある程度信用することはできるであろう。だが，その情報の信憑性を吟味する基準を何ももち合わせていない場合は，それを信じてよいか判断するのはむずかしい。そこで，次のようなことを試してみることが求められる。

(ⅰ)　単一の資料から判断するのではなく，他の図書や資料なども調べ，複数の情報を得ることで獲得した情報が確かかどうか確認をしてみるように努める。

(ⅱ)　自分で判断がつかない場合は，教師をはじめとした大人に聞いてみる。

(ⅲ)　その情報の出所を確認する。公的機関が出した情報であれば信憑性が高いという判断を下すことができる。

(ⅳ) その情報が「何かのつくり方」を知らせるような場合は、実際にその方法でつくり、その結果から検証してみることで、獲得した内容に信憑性や妥当性があるのかどうかを評価する。

(ⅴ) 上記(ⅰ)～(ⅳ)のことができなかった場合は、取りあえずその情報を信頼して活用するという方法もある。ただし常に情報の妥当性や信憑性については、完全でないという意識をもっていることが肝要である。そうすれば情報に誤りや偏りがあった場合は、いずれ気がつくという可能性も残っているからである。

あってはならないのが、自分の勝手な判断で、「きっとこうだろう」と思いこんでしまうことだ。判断するためには、常に根拠が明確でなければならず、ただ調べて活動につなげていたのでは、決して課題をよりよく解決したことにはならない。

また依頼獲得型情報は、自分自身の目で観察する部分も大きい。ただし、多分にそれを入手しようとする人の主観や思い込みによって影響を受けやすい傾向にあるので、得た情報については本人がよく判断をする必要がある。具体的には下記のように情報を判断し、自分の取り組みに生かしていくことが重要である。

Ⅰ．出来事や状況を観察する場合

環境の問題について学習するために川を観察に行ったり、交通事情を知るために自動車の通行量を調べたり、商店街の工夫について知るために〇〇商店街祭りを見に行ったりするような活動も多いであろう。その際に目で見た情報を判断して認知するのは、その子の判断力によるところが大きくなってくる。したがって、たとえば資料から読み取る以上に、冷静に的確に広い視野で対象を吟味することが求められてくる。よりよい判断をするためにも、次の視点は欠かせない。

獲得した情報をさらに広い視点から見るようにする

〈〇〇川の環境について調べる子の判断例〉　地域にある〇〇川の汚れについて関心をもった子が、実際に川に出かけていって川の汚れの現状を観察する

ことになったとする。その子は川のまわりに落ちているゴミを見て，平気で汚すことに対して憤りをもち，ある区域のゴミの数を数え，それを学校に戻ってグラフ化することで，みんなに現状を訴えることにした。ただ，この限定された状況だけで川が汚れていると判断するのには，材料が少なく，多方面からの情報を入れることで客観性をもたせていない。したがって，次のような情報も入れて判断していく必要もある。

（ⅰ）川のまわりのゴミだけでなく，水質検査，その川に住む生物（指標生物）の分析，上流や中流また下流の比較，家庭用排水の状況なども含めて，総合的に判断していく。

（ⅱ）ゴミをポイ捨てしている現状の調査だけでなく，ゴミをポイ捨てする人の調査，地域の人の美化に対する努力，ゴミの種類を調べるなど，関連したさまざまな情報をもとに幅広い視点からの見解をもつ。

（ⅲ）ゴミのポイ捨てを撲滅させるために，最善だと思われる方法を情報として入手し，地域の方とコミュニケーションを取りながら方針を決めていく。

（ⅳ）とくに地域に出て校外学習を展開させるとき，何を調べどのように解決するかの判断がつかない場合は，学校に戻って教師に質問したり資料を調べたりして情報を拡大することで，自分の判断により的確性をもたせるようにする。

　きちんとした基準をもって観察するようにする

〈地域を走る自動車の交通量を調べる子の判断例〉　地域の交通事情を調べることにした子が，付近の道路まで出かけて，交通量を調べることになったとする。その子は毎週同じ曜日の同じ時間に出かけ，いろいろな道の交通量を調べることにした。ただし，ただやみくもに校外学習に出かけ，ただ自動車の通行台数を調べても，なんの結論が出るわけでもない。そこでもう一度学習のねらいを整理し，どこに基準をおくのかを明確にしていく必要が出てくる。

（ⅰ）地域を走る自動車の出身地を調べる場合…自動車のナンバープレートから判断して，地域の最も大きな道路を走る自動車の出身地を調べる

ことが考えられる。この際の基準は，同じ場所でデータを取るということである。また曜日ごとのちがいを調べたいという場合は，曜日にちがいがあっても，調査する場所と時間は同一としなければならない。
（ⅱ）地域の道路別の交通量を調べる場合…地域を走るいくつかの道路の交通量を調べるとしたら，それぞれの地点で調査する時間をそろえなければならない。計測時間だけではなく，データを取り始める時間と終わりの時間も統一する必要がある。
（ⅲ）時間帯ごとの自動車の交通量を調べる場合…特定の時間帯を決めてデータを取る必要性がある。時間帯を同一にするという規準さえあれば，曜日ごとのちがいや天候によるちがうなどの傾向を導き出すことができるであろう。

不要だと考えられる情報を捨てる

　子どもというのは，大人に比べてもとても真面目に課題を解決しようとする健気な存在である。しかし，それを逆に悪くとらえると，必要でないと考えられる情報でも一緒に取り込んで，収拾がつかなくなってしまうことがあるということだ。子どもが完全に情報の選択力をもつことはむずかしいが，それでもある程度の整理をしていくことは肝要である。
〈○○川の水質調査をする子の判断例〉　校外学習に出かけて，地域を流れる川の水質調査をしようとする子の意欲は，課題が明確なだけにとても高いものであろう。実際に川についたら，水を採取してパックテストを行ったり，川に流れ込む家庭や工場の排水の様子を調べたりするはずである。だが同時にグループなどで行ったりすると，川辺に咲く植物に興味をもったり，笹舟を流してみたりと，ついいろいろなことを試してみたいという子も出るはずである。ここで大切なのは，最初から何をすべきかをよく吟味し，それに関連性のない情報を切り捨てるという姿勢である。

　Ⅱ．仲間の取り組みを参考にする場合

　観察するという行為は，何も対象が出来事や様子に限定されるものではない。学校で授業として取り組んでいる以上，仲間の影響は大きいはずである。換言

すれば，自分の取り組みに自信がもてなかったり悩んでいたりするとき，仲間の取り組み状況は大きなヒントとなるはずである。このような仲間から情報を得る過程も，ここでは観察ととらえていきたい。

よりよく解決する過程としてあってはならないのは，ただ仲間の取り組みの真似だけで終わることである。人の取り組みとまったく同じ事をしても，ただ活動したという事実が残るだけで，自らが考えて解決したということにはならない。友だちのあとをついていって成果をあげたことを，自分自身の解決力であると誤解してしまうことが一番危険なことであろう。

このように仲間の学習を観察するときは，自分自身の学習のねらいやあるべき取り組みの過程を見失ってしまうことがあるので，次のことを前提に観察につなげるとよい。

(ⅰ) 漠然と仲間の取り組みの様子を観察するのではなく，「この部分を観察したい」という確かな材料をもって，仲間から情報を得るようにする。

(ⅱ) 仲間の取り組みをそのまま自分のものとするのではなく，生かせる部分と生かせない部分とを区別できるようにする。その取捨選択の基準は，あくまでもねらいを達成するという課題意識と，自分を伸ばせる要素があるかどうかという，「自己との向き合い」である。

(ⅲ) とくに子どもであると，相手との仲がよいかどうかという要素が，仲間の取り組みを観察するかどうかの大きな要因となる。子どもに感情は度外視した取り組みをしなさいと言ってもむずかしい部分はあるが，それでも感情に流されないように努めることは必要である。

(ⅳ) 自分の取り組みに対して，仲間の取り組みのほうが優れていると感じないようにしないことである。もともと自分以外の仲間の活動は，見ても聞いても新鮮であり，自分の今まで学習してきたものよりも輝いて見えることがある。だがそうした感じ方を強くもちすぎると，自分が積み上げてきた内容に対する価値を見失うことにもなりかねない。観察する場合の視点は，あくまでも取り組みのヒントを得ることで，

自分と比較するものであってはならない。
（ⅴ）　最後に本当に自分の取り組みにとって，仲間の観察が必要かどうかを判断する。その判断が妥当かわからない場合は，教師や大人にまた仲間に相談すればよい。

（4）　内省獲得型情報に対する判断
　子どもの学習活動というものは，常に順風満帆というわけではない。確かな学習活動を展開させているつもりでも，実は「よりよいとはいえない」解決方法で取り組んでいる場合もあり得る。そうした場合，自分の取り組み状況を正確なかたちで情報として認識し，すぐさま修正のための作業をしなくてはならない。自分の学習活動が円滑に進んでいるかいないを的確に認識するためには，次のような視点で判断していくことも１つの方法であると考える。
（ⅰ）　自分の取り組みが，予想したり期待したりした完成像に近づいているかを判断する。
（ⅱ）　取り組みをとおして「なりたい自分」に近づいているかを判断する。
（ⅲ）　思考でも作業でも同じ失敗を繰り返すことが多くないかを吟味する。
（ⅳ）　与えられた時間や期間で達成できるかどうか判断する。
（ⅴ）　楽しく活動できていない場合は，その原因がどこにあるのかを判断する。
　このような視点で自分の取り組みを評価したとき，何かその過程に問題がある場合は，修正を加えていかなければならない。具体的には，上記の視点に対応して次のように判断していくことが考えられる。
① 完成像から逆算して判断する
　自分の取り組みの完成または完結したイメージをもち，そこに到達するためには逆算していくとどのような取り組みになるのかを判断する。そうしてできたプロセスイメージと実際の取り組みとを比較してみて，ゴールに向かう方法や内容で問題がある箇所を判断する。
② なりたい自分像に近づいているかを判断する

総合的な学習を通じて最終的にめざしているものは，活動をして成就感をもつことだけではなく，自分が人間として成長したり，生きる力を獲得したりすることである。子どもたちは活動をとおして，「粘り強く取り組む自分になりたい」「コミュニケーションを円滑に取れるようになりたい」「人間として自立したい」などの目標ももっているはずで，そこに近づけていないような取り組みであれば，どこに原因があるかを判断する。たとえば，安易で楽なものを選択していたり，仲間のペースに流されていたりといった理由があるはずである。
　③ 同じ失敗を繰り返す原因を判断する
　子どものなかには，同じ失敗を繰り返しているのにもかかわらず，何も修正せずにそのまま活動を継続しているケースも見られる。失敗の原因には取り組んでいる過程そのものがまちがっている場合もあるが，もっとも多いのは取り組む方法や内容がちがっていることである。とくに，解決方法とはちがったり偏ったりした情報を信じてそのまま活動していないかを吟味する必要がある。また活動全体がまちがっているのか，そのものの一部がまちがっているのかを的確に判断しないと，本筋は正しい過程をたどっているのに誤って放棄してしまう危険性も認識しておくべきである。
　④ 時間や期間が足りないときにどう対応するか判断する
　教育課程内で行われている以上，当然時間的な制約はある。もしも，今取り組んでいることが決まった期間内または年度内に完結しないと予想される場合は，どの部分を割愛するか判断しなければならない。ただ適当に考えるのではなく，次のようなことに配慮しなければならない。
　・その活動をしなくても目標の達成には大きな影響はないかどうか判断する。
　・時間のかからない活動に移行させても同等の成果を得られるか判断する。
　・学校の授業以外（放課後や休日など）でもできる部分はないか判断する。
　・似たような課題を取り組んでいる仲間と協力して取り組めないか判断する。
　⑤ 楽しく取り組めない原因を判断する
　子どもが集中して取り組みを持続させるためには，その学習が楽しいと感じられることが前提である。大人から見たとき力がつきそうだと感じられる取り

組みでも，子どもが自らの取り組みにモチベーションを保てないようでは，本当に力がつくとはいえない。そこで教師や大人を含めて，子どもと一緒に次のことを判断していく必要がある。
- もともと自分の力量に対して課題に無理はないか？
- 調べ学習，実験，取材，まとめなどの活動にバランスを欠いていないか？
- 求めている情報が入手しにくい取り組みではないか？
- 同じ失敗を繰り返しているのに，その原因を認識していないのではないか？
- 計画が膨大すぎて，自分自身にプレッシャーを与えていないか？

このように，自分の取り組みの仕方や方法または内容を評価していくうえで得られた情報は，次の自分の活動を決定していくための大きな意味をもつ情報となる。自分の取り組みをふりかえるという「内省」によって獲得された情報だからこその価値であるが，常に前述したような原因を分析・判断するという姿勢がなければ，また同じ過ちを繰り返すというおそれがあることも認識しておかなければならない。

(5) 自然獲得型情報に対する判断

これは自分では意図していなくても，自然に入る情報のことである。実際に「この情報は総合的な学習で有益だ」と感じて獲得しているわけではなくても，実際の解決場面では役に立つことも多いだろう。なぜなら，総合的な学習で有用だと思われる情報と比較したり，実際に活動する場面でも活用することが考えられるからである。

しかし，自然に獲得された情報であるからこそ，次の点に留意して，活用する場面では判断していく必要がある。
- 情報に対する記憶が正しいものかどうかもう一度資料等で確認する。
- 資料として残っていない場合は，その情報の出所を確認する。
- 情報の発信元に真偽のほどを確認する。
- 場合によっては，その情報が信頼できる最近のデータかどうかを確認する。
- 噂話や又聞き程度の曖昧な情報の場合は切り捨てるという態度をもつ。

# 第 3 章　情報の選択

## 1　必要な情報を選択するための視点

　情報の中身を理解しそれが自分の学習にとって有用かどうかを判断したあとは，必要だと判断して獲得した多くの情報のなかから，さらに活用できる可能性の高い情報を選択していく作業が必要となる。その力をここでは「情報の選択」ととらえていく。

　まず大切なのは，「選択」という行為そのものの学習効果を知ることである。学習者は，選択する過程で本当に必要な情報を残し，課題の解決というゴールに向かって突き進むはずである。社会に出るとさらに膨大な情報と出会うことを考えると，取捨選択の仕方を知っているということは，生き方を知っているということにつながるはずである。

　つぎに，「選択」という行為がなければ，「判断」「整理」「処理」など，ほかの情報活用の過程が混沌とするという認識ももつべきであろう。確かな視点をもって選択したからこそ，ほかの過程における活動も自ずと明確になってくるのである。

　さらに大切なのは，有用だと判断して収集した情報をさらに取捨選択していくことは，学習の効率性を高めていくことにつながるという認識をもつことである。収集した情報をすべて理解し活用しようとすると，ともすれば膨大な情報に振り回されてしまうおそれがある。また情報の理解に時間がかかりすぎ，次の段階にいかないという事態も予想される。

このように総合的な学習の時間においては、この「選択」という学習課程は大きな役割を担っている。なぜなら、配当された時間数を見てみると、新しい学習指導要領では小学校3年生から6年生まで年間70時間しか活動できないからである。この時間内に情報を判断し選択するだけでなく、そのほかの整理や処理もしっかりと行わなければならない。学習成果を明確にするために、学んだことをまとめ、ものをつくろうとするにも、すべてでこれだけの時間しかないわけである。したがって、ここで効率的に選択の作業ができるということは、収集した情報の活用の仕方に奔走することなく、いろいろな活動ができる「ゆとり」をもてるようになるということだ。

　それでは、どのようにすれば的確な「選択」ができるようになるのであろうか。私は選択に対して的確かつ正当な根拠をもつことだと考える。重ねて選択という結論を導き出すための方法が、適切であることも重要だと考える。つまり、いわゆる「選択」という目的に向かって正しく論証していく作業を、「的確な選択」にせまるための手段だと考えている。

　野矢茂樹は著書のなかで、論証の構造について次のように指摘している。

　「論証とは、ある結論に対してなんらかの形で根拠が提示されているもののことである。たとえば、もっとも単純な論証として、ひとつの主張Aから別の主張Bが導かれる論証を考えよう。そのとき、主張Aを『根拠』、主張Bを『結論』と呼び、AからBを導く過程を『導出』と呼ぶ。ひとつの結論をめざして、ひとつないし複数の根拠、およびひとつないし複数の導出が提示されている全体が、ひとつの『論証』なのである。論証は根拠と導出を含む全体であるから、その適切さは、適切な根拠から適切な導出によって結論が導かれているかどうかで評価される[17]」。

　野矢の理論を借りるのであれば、適切な根拠と導出によって導かれるかどうかで、ここでの結論ともいうべき「選択」が適切に行われるかどうかが決定するのである。それでは、総合的な学習の時間に行われると適切だと考えられる選択とは、いったいどのようなものであろうか。根拠については子どもの収集した情報がそれをさすので、ここでは導出の仕方に視点をあて、野矢が指摘す

る「背景法則に基づく推測」「仮説形成」「帰納」「演繹」[18]がどのように作用していくかを記述していこう。

(1) 背景法則に基づく推測

「背景法則に基づく推測の確実性を評価するさいには，まず背景法則を明確にしなければならない。その上で，その背景法則の確からしさを吟味する。そして，背景法則が確からしいものであるならば，それに応じてその背景法則に基づく推測も確実なものとなる[19]」。

たとえば，学習課題として「地域の老人とふれ合おう」という類のものがあったとする。そして，子どもが必要だと判断して収集した情報のなかに，「孤独な老人の生き方」と「元気で活発な老人」，「50歳を越えて老人と呼ばれる人々」と「70歳を越えても筋肉は若者以上」，「老人ホームの様子」と「三世代が同居する家族形態」など，相対する情報が混在していたとする。どちらの情報もまちがったものではないが，調べるために情報をどちらかに選択しなければならない場合もある。

そこで必要なのが背景法則の視点であるが，ここでの背景は「地域」となるべきであろう。たとえば，地域の老人ホームの有無，老人会へのレクリエーション企画への参加の実態調査，全校児童に対する同居の実態調査，行政への質問などをとおして，地域の老人の実態が多少なりとも明白になるはずである。そこで調べた老人像と事前に収集した老人に対する学習内容とを比べ，自分の地域の実像に合致した情報のみを選択していけばよいということになる。

背景法則に基づく推測をしていく場合は，判断の材料となる背景に対する情報が自分の都合よい項目に偏るおそれもあるので，教師をはじめ友だちなどの第三者に事前に項目立てについて相談する必要があるだろう。

(2) 仮説形成

「証拠をもとに，それをうまく説明する仮説を形成するタイプの推測を『仮説形成』と呼ぶ。ここで証拠とは，なぜそうなっているのかを説明されるべき

被説明項であり，仮説はそれを説明すべき説明項である[20]」。

　論理的には，どれほど詳細に調べて仮説を立てたとしても，代替仮説の可能性が残るが，小学校の総合的な学習ではもちろんそこまで求めない。むしろ「選択」という情報活用の過程において，「仮説」を立てる学習ができたということのほうが大きな価値をもつ。それでは具体例を提示しながら，仮説形成を用いることによって選択していく実際を解説していこう。

　たとえば，学習課題として「○○川に多くの魚が住めるようにしよう」というものがあったとする。○○川の実態を調べていくと，川に家庭用排水が流れることや川にゴミの投棄がされていることに気づくだろう。簡易水質調査の結果，この川には現段階では限られた魚だけしか住めないということがわかるはずである。また子どもたちは，他の川にも興味関心をもつかもしれない。ほかの△△川に住む魚の種類や数を調べ，△△川の環境のすばらしさを知るはずである。昔の○○川の様子という歴史も調べたいという子どももいるであろう。今の○○川の汚染を改善するためには，決して昔の美しかったときの川の様子を知ることも無関係ではない。ただし，こうした調子でいくらでも必要だと判断した情報を収集していくと，課題解決にまでいく時間はなくなってしまう。何しろ70時間に削減された総合的な学習の時間である。

　そこで必要な情報を選択するのに，「仮説形成」が必要になってくる場合がある。ここでの証拠とは，あくまでも「○○川に多くの魚が住めるようにしよう」という課題に照らしての証拠である。すると数ある情報のなかでも，「家庭用排水が流れること」と「ゴミの不法投棄」の2点しか残らない。そこでたとえば，「家庭用排水の有害性を各家庭が気をつけて，ゴミの不法投棄をやめることにより，○○川は現在よりもきれいになり，多くの魚が住めるような環境に戻るのではないか」という仮説が形成されるのである。この仮説に基づいて考えた場合，情報の収集はさらに限定される。たとえば，○○川沿いに住む各家庭を対象に「環境に優しい洗剤の使用」を訴える場合，「地球に優しい洗剤の種類」「対象とする家庭の戸数と場所の確認」「河川の汚染がもたらす環境破壊」などのことを調べ，資料を配付し説明していくための準備をしていけば

よいのである。

　このように，仮説形成をしていくことにより選択という行為のなかにより必然性が生まれ，無駄な学習や情報が削ぎ落とされていく。そして仮説に基づいて学習を進めてまた情報の選択に行き詰まった場合，また新たな仮説を立て，前進していけばよいのだ。しかしそれでも前進しない場合は，相手に選択のためのヒントを提示してもらうという方法もある。

　先ほどの学習の例示を続けて説明してみると，たとえば各家庭に河川の美化のための説明をするという学習をしても，なかなか大人たちの反応がよくない場合も考えられる。子どもたちは各家庭での反応をもとに仮説を立てるであろう。「説明の仕方がへただからであろう」「資料の提示の仕方がわかりにくかったからだろう」「○○川は東京都と神奈川県の境を流れるから，学区がちがう東京都の人はあまり聞いてくれないのではないか」「地球に優しいとされる洗剤は汚れが落ちにくいから賛成できないのではないか」など，数多くの疑問が出て収拾がつかないことも予想される。そうした場合は，子どもという特権を生かし，直接相手に「自分たちの学習でどこか問題はありますか」と，原因を聞いてみればよいのである。根拠が明確にならずに仮説が立ちにくい場合は，こうした手法も案外効果的なはずである。必要な情報を選択できた子どもたちは，また次の学習課程に進むことができ，そうした繰り返しを経て自分の力としていくのだ。


(3)　帰　納

　「仮説形成のうち，個別の事例を証拠として，それを含むような一般的主張を結論するタイプの推測を，特に『帰納』と呼ぶ。帰納の確実性は二つの観点から評価される。ひとつは，証拠として挙げられている個別事例が一般化の根拠として適切かどうかという点であり，もうひとつは，その一般化の仕方の適切さである[21]」。

　選択という学習過程を考えたとき，多くのものから1つを選択するという行為と，個別の事例を証拠として一般的主張を結論する帰納とは，別のものとと

らえる人が多いかもしれない。だが，この両者には大きな関係がある。情報を選択する場合は，その尺度となる基準がなければならない。そしてその基準となるのが，帰納によって得られた結論なのである。帰納によって導き出された結論を前提に，関連した必要な情報を生かし，関連性がなかったりうすかったりした場合には該当する情報を捨てるという取捨選択こそが，選択力の1つなのである。それでは実際に「帰納」を手段として選択にいたる過程について，具体例を提示しながら説明していこう。

たとえば，総合的な学習の課題として，「商店街の人と交流しよう」といったものがあったとする。まずは，自分たちが商店街や商店街の人々のことをもっと知りたいと思い，商店街での職場体験をしようという発想が出てくることも予想される。子どもたちは実際に職場体験をするために必要だと判断される情報を収集するであろう。具体的に次のような情報が集まったとする。

「商店街のなかでも定休日がちがう店がある。」
「大きな商店と小さな商店がある。」
「商店街にある店の数を数えたら全部で20あった。」
「職場体験をしたときに，以前お土産をいただいた学年があった。」
「商店街のメインストリートは交通量が多いので，職場体験のさいには気をつけることが必要だ。」

これらの情報を一般化して，一般的な主張とすると次のようになる。
「大小さまざまな店を20店舗もかかえる商店街だが，店舗によって定休日が異なる。したがって店舗別に職場体験の日を分けるか，または定休日の店舗の少ない日に職場体験を設定するか，どちらかの判断が必要であろう」。

なぜ「お土産をいただいた事例」と「交通量の問題」を入れなかったかというと，この2つはほかの情報との関連性がなく，一般的主張として結論づけられないからである。また，ここでの課題が「商店街での職場体験」であることから考えても，両者ともその視点からは外れているからでもある。このようにして必要な情報を選択したあとは，一般化の仕方が適切であったかもう一度確認してみることも大切である。

その結果，たとえば「大きな商店と小さな商店がある」という情報が必要かどうかという議論も，子どもたちのなかに出てくるだろう。
「大きな商店は何人もが入れ，小さな商店は1人か2人程度しか入れないから，職場体験の商店の数が充分かどうか判断する材料になる。」
「いや，大きな商店だからといって，たくさんの人数を入れてくれるとは限らない。仕事内容によっては，小さくてもたくさんの人数を受け入れてくれるところもあるかも知れない。」
このような議論が起こった場合は，その真偽を確認するための取材等をすればよいのである。そうすることによって，また必要だと判断される情報が出てくることであろう。そのときに，また「選択」をするという繰り返しをしていけばよい。「判断→選択」という流れだけなく，「判断→選択→判断→選択…」と続くことも十分に考えられる。

### (4) 演 繹

「演繹とは，ある主張からその含意を取り出すことにほかならない。ひとつないし複数の主張から，その意味するところを明らかにし，それによって論証を組み立てたり，批判を行ったりする。それゆえ，言葉を用いるあらゆる場面で演繹が働くことになる[22]」。
選択という学習過程においては，演繹による論証も大きな手立ての1つとなる。なぜなら信頼できる"ある主張"（判断のもととなる主張）を前提に考えることで，不必要な情報を効率的に切り捨てることが可能だからである。また一見必要だと判断した情報が，実は不必要であると気がつくヒントとなる可能性も高い。
たとえば，総合的な学習の課題として「〇〇川をきれいにしよう」というものがあったとする。子どもたちは地域の川をきれいにするため，あらゆる方法を考えるであろう。たとえば「川沿いのゴミ掃除」「油を台所に流さないように各家庭にお願い」「タバコのポイ捨て禁止の看板の設置」「水の浄化装置の開発と実験」「川の浄化のための薬品の散布」など，子どもたちなりの思いや願

いをもとに，さまざまな活動や取り組みを考えるはずである。そしてどれも実施の価値があり，ある程度できる可能性があると子どもたちは判断するであろう。

　しかし，ここである子がこんな情報を収集したとする。「川に流される有害物質を除去するためには専門の施設を建設する以外に方法はない」と。この情報が省庁から出たものであり，信頼がおけるとしたら，次のような判断ができる。「川の水質改善のためには専門の施設を建設する以外に方法がない。だから，水の浄化装置をつくったり，薬品を散布するという方法は，子どもにはできない」。この形式は「どのAもBだ。したがってこのAもそのAもBだ。」という演繹の1つのパターンである。

　こうした論証をすることによって，子どもが現実的には無理であるのに，実現可能かもしれないと思って浄化装置をつくり，また薬品を調べるといった無駄な活動を切り捨てるといった選択ができるようにもなる。

　しかし，教師や地域の大人といった指導者が，こうした演繹の論証をさせず，そのまま子どもが正しいと判断した活動を継続させるという方法もある。上記の演繹で不必要だと論証された2つの取り組みに対しても，一生懸命がんばるかもしれない。ある子はペットボトルを半分に切り，切り口の上部にガーゼをしき，その上から川の水を流すことによって浄化に成功するであろう。中に木炭を入れることでさらに水質を改善することもできるだろう。だが，その子は気づくはずである。こうした簡易装置を使って川全体を浄化することが無理だということを。川の水量は，子どもの想像をはるかに超えたものである。同様に水質浄化のための薬品を準備しようと思っても，実際に足るだけの量を用意できないということにも，いずれ気づくはずである。

　こうした失敗例（正しいと誤って理解した情報）をあえてさせることも，解決のための1つの方法だととらえることも考えられる。なぜなら失敗という結果をもって，「この情報は，こういう意味で不適切なものであった。したがって，今後こうした類の情報は選択しない方がよい」ということを学習するからである。適切な情報を選択しスムーズな流れにのせて学ばせるという指導方法もあ

るが，また一方で失敗から選択の価値や意味を学ぶという指導方法もあるだろう。ただし，この失敗という過程に時間がかかりすぎると，課題を解決するといったゴールにはなかなか到達できないので，全体計画をよくみたうえで判断する必要がある。やはり何をするにも，指導者の見極めが大切になってくる。

## 2 選択力を獲得していく場

　それでは，こうした「選択」のできるような力を"どこで"身につけていけばよいのだろうか。私は次のように考えている。
（1）「推測」「仮説形成」「帰納」「演繹」といった選択に必要な技術は各教科のなかで学ぶ。
（2）獲得した技術の活用の仕方や関連づけ方を総合的な学習の時間に学ぶ。
　これから具体的に各教科や総合的な学習において，どのようにして選択力について学ぶか，学習指導要領における記述を例に提示していこう。

### （1）各教科で学ぶ選択力の実際

　新しい学習指導要領解説「総則編」によると，生きる力をはぐくむ教育活動を展開するために，「各教科では，基礎的・基本的な知識・技能を習得しつつ，観察・実験をして，その結果をもとにレポートを作成する，文章や資料を読んだ上で，知識や経験に照らして自分の考えをまとめて論述するといったそれぞれの教科の知識・技能の活用を図る学習活動を行い，それを総合的な学習の時間を中心に行われている教科等を横断した課題解決的な学習や探究活動へと発展させることが重要である」と指摘している。
　総合的な学習の時間が教科等を横断した時間であることを考えると，年間たったの70時間で選択の仕方の基礎・基本から教えることは至難の業である。ここでは，「選択」という行為を基礎的・基本的な技術や技能ととらえ，各教科で学ぶべき方法であるとしたほうが効果的だと判断する。選択という行為は，各教科にかかわる学習指導要領解説に数多くふれてあるからである。

各教科のなかでも，ここでは国語と算数，また総合的な学習の時間の前段階となる生活科にしぼって例示をしていこう。各教科と総合的な学習とのかかわりにいたるまで，より鮮明に見えてくることであろう。

　たとえば，小学校学習指導要領解説国語編において，「「C 読むこと」目的に応じた読書に関する指導事項」について次のように記述されている。「目的に応じて，本や文章を選んで読むことを示している。低学年では，楽しんだり知識を得たりするために，本や文章を選んで読むこと，中学年では，目的に応じて，いろいろな本や文章を選んで読むこと，高学年では，目的に応じて，複数の本や文章などを選んで比べて読むことを示している[23]」。

　それらを具体的にどのように各学年で指導するかという内容に対して部分的に抜粋すると，「C 読むこと（2）内容①指導事項，カ目的に応じた読書に関する指導事項」において，第1学年および第2学年では，「読む目的を意識して本や文章を選び[24]」という記述がある。こうして培った選択の力が，第3学年および第4学年においては，「目的としては，楽しむことや調べること以外に，読みたい内容を絞って読む，書き手を絞って読むなど考えられる[25]」というように，"絞るという選択"に発展している。さらに第5学年および第6学年になると，「目的に応じて，複数の本や文章を選んで読むことが必要となる。複数の本や文章とは，同じ課題について違う筆者が執筆した本や文章，同じ書き手の本や文章などのことである[26]」と，より根拠をもった選択へと質を上げていく。このような選択力を身につけたうえで総合的な学習に取り組んだならば，教科等を横断した複数の情報から選択する活動は，さほどむずかしいことではない。

　小学校学習指導要領解説算数編においても，たとえば「日常の事象について見通しを持ち筋道を立てて考え，表現する能力を育てる」ことに関する記述のなかで，次のように指摘している。「算数科においては，問題を解決したり，判断したり，推論したりする過程において，見通しを持ち筋道を立てて考えたり表現したりする力を高めていくことを重要なねらいとしている。こうしたねらいは他教科等においても目指しているところであるが，特に算数科の中では，

帰納的に考えたり，演繹的に考えたりするなどの場面が数多く現れる(27)」。私は，必要な情報を選択するための視点として，帰納や演繹を例示したが，小学生に帰納や演繹等の考え方はむずかしすぎると考えられたかもしれない。だが，学習指導要領解説に記述してある以上，帰納的・演繹的な考え方は，総合的な学習のレディネスとなっているはずである。

　選択力についてのレディネスを記述した内容は，小学校学習指導要領解説生活編においても見られる。たとえば「第5章第4節　学習指導の進め方」において，「試行錯誤を繰り返し，条件を変えて試してみる(28)」とある。試行錯誤とは，「失敗しながらもいろいろと挑戦してみて，その中から最良の方法等を選んでいく」過程を示す言葉である。総合的な学習の時間は年間70時間という制約から，あまり失敗ばかりを重ねていると活動が完結しないおそれがあるが，生活科という教科で選択という行為の基礎・基本を学んでいるということは，大切なレディネスとなる。

　いくつかの教科から，選択にかかわる内容を抜粋したわけだが，こうした技術や技能は各教科の時間に学ぶべきである。それを学習指導要領解説における表現が如実に物語っている。総合的な学習に向かう段階では，すでに獲得しているという前提なのである。

　また，こうした教科等とのかかわりは，整理や処理などの各過程においても，同様のことがいえるはずである。情報活用のどの過程においても，教科で学んだことが生かされ，また総合的な学習の時間で発生した疑問点を各教科で解決していくという双方向での流れが，活用力を生む原動力となっていくはずである。

(2)　活用の仕方を学ぶ総合的な学習の時間

　自ら学び自ら考えられるような"生きる力"の獲得をねらった総合的な学習の時間であるが，この「生きる」という意味は現在生活する環境で生きていくという限定されたものではなく，生涯にわたって社会のなかで生きていくということをさしている。したがって，教師をはじめとした大人が「こうしなさい」

と選択の仕方を指示していくのではなく,子ども自らがよりよく選択していけるような力を育むような時間でなくてはならない。教科等の枠を越えた横断的・総合的な学習という質の高さゆえ,選択力の活用の仕方を教えていくためには,教師が次の点に留意する必要があるだろう。

① 選択の仕方について各教科で学んだことを想起させる

小学校学習指導要領解説算数編において「算数・数学では,既習の内容を活用して新しい知識や方法を生み出すことができる[29]」とある。各教科の学習内容は,突然むずかしい内容が出てくるようなことはなく,既習事項を組み合わせることで解決していく部分が多い。それを指導者が一方的に「この内容とこの内容を組み合わせて考えなさい」と言ったのでは,次に出てきた課題や問題を解決する力にはならない。子どもが自らの意志で選択し活用していくことが重要なのである。

総合的な学習の時間においても,同様の考え方が求められる。つまり「このようにして選択しなさい」と言っても,それが生涯にわたって生きていく力を育むとは思えない。大切なのは,子どもが各教科を中心に培った選択に対する技術や技能を,「どのように引き出し」「どのように活用していくのか」を考えていくことである。したがって,教師は選択のヒントが各教科で学んだことにあることを絶えず指摘していくことが肝要であり,また各教科の指導においても次に子ども自らが活用する可能性があることを常に意識していかなければならない。

② よりよい選択の仕方についての一斉指導を行う

各教科の指導で「選択」だけに視点をあてるような限定された題材はないだろう。それゆえ,各教科で学んだことを想起し,的確にその情報を引き出し,また活用していくことは至難の業となる可能性もある。そこで総合的な学習の時間に,「選択の仕方」に焦点を当てた授業を展開する方法も考えられる。

たとえば,クラスの取り組みにない仮のテーマを用意し,みんなで選択の仕方について考えればよいのである。ここに「地域の公園をきれいにする」というテーマがあったとしよう。子どもたちで必要だと判断する情報を出し合い,

収集された多くの情報から必要だと判断される情報を選択する模擬的な話し合いを展開していくのである。「こうすれば地域の公園をきれいにできる」という仮説を立て，複数の情報を取捨選択していく過程をとおして，子どもたちは選択の仕方という方法を学んでいくことができるはずである。

③ 情報を分類するように促す

多くの羅列的な情報を見ても，そこから情報を取捨選択していくことはむずかしい。やはり一定の観点から分類し，見やすくして配列いくことがその先の選択に向けては肝要な要素の１つである。分類の視点はいろいろとあると思うが，時間・場所・人・道具・用途・事象など，その情報にあった分類をしていくべきである。ただ分類に関しては，その観点を見誤らないことが求められる。

たとえば，「公園の美化」というテーマで情報を収集したとき，次のようなものが集まったとする。

「A公園には緑が多い」「A公園にはタバコのポイ捨ても多い」「B公園には花壇がある」「B公園にはゴミ箱がない」「A公園には清掃ボランティアがいる」「B公園はゴミのポイ捨て禁止の立て看板がある」「C公園は管理人がいて常に美化を徹底している」など

これを分類すると次のようになっていく。

〈場所を視点とした分類〉

- A公園…緑が多い，タバコのポイ捨てが多い，清掃ボランティアがいる
- B公園…花壇がある，ゴミ箱がない，ゴミのポイ捨て禁止の立て看板がある
- C公園…管理人がいて常に美化を徹底している

〈人を視点とした分類〉

- 美化に貢献する人…A公園には清掃ボランティア，C公園には管理人が常駐する。
- 美化貢献が予想される人…A公園には緑が多い（誰かが草取りや伐採をしているのでは？）。

B公園には花壇がある（花壇の管理を誰かがしているのでは？）。
　　　B公園にはゴミ箱がない（誰かの判断で撤去したのでは？）。
　　　B公園にはゴミのポイ捨て禁止の立て看板がある（誰かがつくったのでは？）。
　・美化を阻害する人…A公園にはタバコのポイ捨てが多い。
〈事象を視点とした分類〉
　・自然環境…A公園に緑が多く，B公園は花壇がある。
　・美化状況…A公園はタバコのポイ捨てが多い。
　・美化活動…A公園には清掃ボランティアがいて，C公園は管理人が確認している。
　　　B公園にはゴミのポイ捨て禁止の立て看板がある。
　　　B公園にはゴミ箱がない。

　このように選択という過程で，分類する視点というのは大きな意味をもつ。分類は学習のねらいにそって行われるものであり，分類の仕方で取捨選択の仕方が大きく変わるからである。前述の3つの分類をもとに，それぞれどのようなちがいが出るのか見てみよう。
　「場所を視点とした分類」をした場合は，それぞれの公園のちがいが明確になる。公園ごとの比較をもとに美化活動に取り組むことをねらいとしたときは，この分類が適切である。たとえば，B公園に立て看板を設置した経緯を調べたり，C公園だけなぜ管理人がいるのかを取材したりと，それぞれの公園の比較から，公園のあり方がわかってくるはずである。
　「人を視点とした分類」をした場合は，それぞれの人の公園に対するかかわり方をとおして，公園と人との関係性だけでなく，人の生き方までもが明確になってくるはずである。公園という題材を切り口に，そこには常に人間の意志が存在するという前提から，最終的には人と自然環境との共存等のねらいをもつ場合には，この分類の仕方が適切である。たとえば美化に貢献する人だけでなく，貢献が推測される人の実際を調べていくことで，日本人が公園をはじめ

とした緑について特別な感情をもっていることがわかる可能性がある。

「事象を視点とした分類」をした場合は，「これらの公園はこのような自然環境」で，「このような環境破壊がされている」から，「こうした対処が必要である」といった，系統性が明確になっている。したがって公園の美化活動を推進するための具体策を考える際には，この分類の仕方が適切である。またこの分類例を見てみると，たとえば「A公園にはタバコのポイ捨てが多い」とあるが，「B公園ではどうだろうか？」という疑問が生じ，実際にB公園の様子を再調査し，それぞれの公園での美化活動の具体策の是非を検証するという学習活動につながる可能性がある。

このように視点のもち方ひとつで，分類の仕方が大きく変わり，情報の取捨選択の仕方にも大きな影響を与えることになる。常に「どのようなねらいか」を明確にし，ねらいにそった学習展開を意識する必要があるだろう。

# 第 4 章　情報の整理

　情報を整理することとは「一度自分で加工した情報を，多様な視点で分類すること」とおさえ，またその結果「再度情報の取捨選択を行い，処理過程に向けて並び替える」という一連の過程を情報の整理能力ととらえていく。

　情報というのは選択したままのものをそのまま使えるほど，自分に都合のよいものと出会うことは稀である。したがって，自分が活用しやすいように組み立てていく作業が必要になってくる。その活動をここでは「加工」ととらえ，どのように加工していけば使いやすい情報になるのかを説明していく。さらに加工された情報をさまざまな視点から「分類」することが，子ども自身の作業だけでなく思考をどれだけ整理していくか，具体例を用いて提示していく。

　また多様な視点から分類された情報は，すっきりとして見やすいものになるであろう。そこから新たに不要な情報が見えてくる可能性があるとともに，切り捨てた情報が実はとても重要であったと気づくことも考えられる。これが「情報の選択」過程で行った取捨選択と大きくちがうところであり，本当に必要な情報が整理されて残る可能性が高まるはずである。そして情報活用の過程である「情報処理」に結びつくための，並び替えの作業ができるようになるのである。その「取捨選択」と「並び替え」についても，具体例を用いて説明していこう。

## 1　情報の加工

　小学校の児童が総合的な学習のまとめや発表会の準備をしているとき，ただ

資料の文章を丸写しするというような様子をよく目にする。おそらく自分に都合のよい資料が見つかったため，無条件にその情報を引用しているのであろう。または，新たな情報を見つける手間が面倒なため，たまたま最初に出会った情報を絶対視したいのかもしれない。いずれにしても情報というものは，一度自分のものとされなければ活用したことにはならないので，このようなかたちの学習をいくら繰り返してもあまり意味がない。

　では，具体的にはどのようにすればよいのであろうか。答えは明白である。獲得した情報を自分が活用しやすいように加工していけばよいのである。その結果，羅列的であった情報が整理され，活用する者の意志や意図を含んだ有意味な情報へと変化していくはずである。ただし加工といっても，自分勝手に情報を操作してしまうことは大変に危険である。もともとの情報の正確さが奪われてしまうおそれがあるからである。

　そこでどのように加工していけば，使いやすいだけでなく的確にまとまった情報となるのか，その手順を説明していこう。

(1)　理解可能な表現に置き換える

　情報というものは，すべて子どもを対象として提供されているわけではない。たとえば，インターネットの子どもを対象としたページをみても，その子の認知レベルをはるかに越えている場合が多い。同じ小学生でも総合的な学習のはじまる3年生と最高学年の6年生とでは当然大きな認知レベルの開きがあり，「小学生向き」という大きなくくりだけでは，該当する子どもに完全に適合した情報というのはなかなか手に入らないはずである。そこで重要になってくるのが，各自のレベルに合った理解可能な表現に置き換えるという作業である。

　この表現の置き換えに関連して，三輪眞木子はその著書『情報検索のスキル』のなかで，情報を解釈する過程の1つの必要な要素として，次のように指摘している。「情報を自分自身の言葉で要約する。正確さや明確さが必要な場合は，ほかの言葉で言い換える，あるいは，重要な事実や詳細をそのまま引用する[30]」。

　三輪の理論をもとに考えると，「言い換え」や「必要な場合の引用」をする

ためには，まず「要約」をしていくことが先決であるということである。私もまったく同感である。なぜなら正確さや明確さを求めて言い換えをしていくためには，いくらむずかしい表現や言い回しが混在していたとしても，まずは概要の把握を外さないようにしなければならないからである。そのための最良の方法が「要約」といえるであろう。「理解可能な表現に置き換える」というと，なんとかなりそうな感じもするが，それは自然に子どもが獲得する力ではなく，日常の授業から教師が計画的に身につけさせていく配慮が必要である。

この要約に関しては，小学校学習指導要領解説国語編・第3章「第3学年及び第4学年「C読むこと」」の指導事項において，「目的や必要に応じて，文章の要点や細かい点に注意して読み，文章などを引用したり要約したりすること[31]」とあるように，日常の授業で培っていくべき類のものである。こうしたところからも，総合的な学習を成立させるためには，各教科での指導が学習の基礎基本となることは明白である。

では次に，具体例を提示しながら，子どもがどのようにして自分たちに理解可能な表現に置き換えていけばよいのかを解説していこう。

### もととなる情報
〔地球規模での熱帯林の減少について調べた小学校3年生児童が獲得した情報例〕
「国連食糧農業機関（FAO）によると，1990年から2000年までの10年間に，伐採により毎年平均約14万2000km²の熱帯林が消えたという。これは，日本列島の約40%の広さになる。もし，このままのスピードで伐採されていくと，100年後には地球上から熱帯林が消えてしまうことになる。[32]」

### 小学校3年生では未習のこと
- 国連食糧農業機関（FAO）の意味
- 14万2000km²という面積に対する理解
- 40%という百分率の表記

### 内容に対するおおまかな要約
「1990年から2000年までの10年間で，地球上の多くの熱帯林が消えた。このままだと，100年後には地球から熱帯林が消えてしまう。」

### 未習事項の置き換え
※置き換えについては教師をはじめとした大人に聞くなどさせる。

・国連食糧農業機関（FAO）→置き換える語がないので削除する
・14万2000km²という面積→「とても広い」程度でよいだろう
・40%→半分弱，または半分よりもちょっと少ない

> **理解可能な表現に置き換えた文章**
> 「1990年から2000年までの10年間に，伐採により毎年とても大きな広さの熱帯林が消えたという。これは，日本列島のだいたい半分よりちょっと少ない広さになる。もし，このままのスピードで伐採されていくと，100年後には地球上から熱帯林が消えてしまうことになる。」

このような文章であれば，小学校3年生でも理解できるはずである。もしも意味もわからないまま使っているのでは，情報を有効に活用していることにはならないだろう。

(2) 一般論に可能な範囲で特定論を加えていく

百科事典をはじめとした図書検索をした場合，だいたいの場合，一般論が掲載されている。なかなかある地域や人物に限定した情報は見つからない。だからといって，一般論をもとにただまとめても，切実感をもった学習とはなりにくい。

小学校学習指導要領解説総合的な学習の時間編・第1章第2節「総合的な学習の時間改訂の趣旨」の「改善の具体的事項」において，「学習活動の例示については，小学校では地域の人々の暮らし，伝統や文化に関する学習活動を加える」[33]とあるように，地域をフィールドとした学習の推進が，従来の学習指導要領解説よりも重視されている。

なぜ「地域」というものが，これほど重視されるのであろうか。それは地域には老若男女，さまざまな人間が共生しているからである。また商店街やスーパーマーケットなど，多くの商業施設が存在するからである。公民館や出張所，消防署や警察署または派出所など，多くの公的機関が比較的近い範囲に存在するからでもある。つまり地域にいながらにして，社会全般に存在する大部分の要素と接触することができるのだ。

また，自分の住む地域をフィールドにして学習するということは，ただ図書

をはじめとした資料検索をするだけでなく，実際に出かけて行って取材や観察をするなど，実地で情報を収集することができる。仮説を立て検証するといった，長い期間の学習が必要とされる場合でも，その過程も含めて日常的に見守ることも可能である。つまり，資料を中心に概念的に頭のなかだけで考えるのではなく，目の前の生きたデータをもとに，体験的な学習を有機的に入れ，実感し納得していくいくことが可能になるのである。

では，一般論に可能な範囲で特定論を加えていくこととは，いったいどのようなことであろうか。具体例を提示しながら説明していこう。

《環境問題のなかでも，とくに温暖化について調べている小学校5年生の児童》
**もととなる情報**
「地球の気温がだんだん上がってくることを地球温暖化という。19世紀末から現在まで，地球の平均気温は約0.6℃上昇したことがわかっている。このままだと，気温や海水温がもっと高くなり，気候が変わり，南極や北極の氷がとけ出し，海面が上昇する。地球が暑くなると，生き物やわたしたちの暮らしにいろいろな影響が出る。[34]」

**加えるべき特定論の視点**
・児童が居住する地域の気温変化→市役所などに問い合わせてみる
・児童が居住する県の接する海の海水温の変化→県庁や気象庁などに問い合わせてみる

**一般論に可能な範囲で特定論を加えた情報（例）**
「地球の気温がだんだん上がってくることを地球温暖化という。19世紀末から現在まで，地球の平均気温は約0.6℃上昇したことがわかっている。自分が住む○○市の平均気温も，この100年間で約0.5℃上昇している。このままだと，気温や海水温がもっと高くなり，気候が変わり，南極や北極の氷がとけ出し，海面が上昇する。事実，県に接する○○湾の海水温も，統計を取りだしたここ50年間で，約0.4℃上昇しているという。地球が暑くなると，生き物やわたしたちの暮らしにいろいろな影響が出ることが明らかだが，その影響が自分たちの身近に迫っているということを知ると，本当におそろしい気持ちでいっぱいだ。」

(3) 情報の質を区別する

三輪は，情報の有用性を判断するために求められるスキルの一要素として，

「事実，意見，宣伝，観点，偏見を区別する(35)」ことをあげている。ただ小学校の総合的な学習の時間としては，「事実，意見，偏見」と「推測」の4つを区別することで，その次の情報の統合への段階へとつながれば十分だと考えている。なぜなら小学校の国語科指導において，「書くこと」の目標が，第3学年および第4学年では「相手や目的に応じ，調べたことなどが伝わるように，段落相互の関係などに注意して文章を書く」，第5学年および第6学年では「目的や意図に応じ，考えたことなどを文章全体の構成の効果を考えて文章に書く(36)」と示されているように，調べたことを伝え考えたことを筋道立ててまとめるには，この4つのことができていればある程度のかたちにはなるからである。

またこの4つのなかでも，とくに「偏見」について見極めていくことは，何よりも大切な要素の1つと考える。誤った情報を鵜呑みにした学習というものは，そのスタートから誤った方向に進んでいく可能性を秘めているからである。ここでの「偏見」の意味は，筆者は「確かだといえない事実」「確証がないのに確かなことのようにいいきる意見」だととらえている。あまり偏見について深く考え出すと，すべての情報の獲得を臆することとなり，スムーズな学習活動を推進するうえでは大きな障害となるが，それでも不確かな情報を活用することは危険だという認識をもっていることは大切であろうと考えている。

それでは「事実」「意見」「偏見」「推測」の区別を具体的な文章をとおして行っていこう。

《環境問題のなかでも，とくにヒートアイランド現象について調べている児童》
もととなる情報例

大都市は，周辺地域とくらべて気温が高くなってきている。過去100年間に，地球の1年間の平均気温は約0.6℃上がったが，日本の大都市では2〜3℃も上がっている。都市の建物をつくるコンクリートや，道路にしかれたアスファルトなどは，昼間の太陽の熱を吸収してたくわえる。さらに，自動車やビルのエアコン，工場などから出された熱が都市の空気をあたためて，温度を上げている。(37)

地球全体の気温が上がっているということは，私たちの住むA市の気

温が上がっていることも意味している。A市は東京都にも近いので，やはり同じように2～3℃，100年前にくらべて気温が上昇しているといえるであろう。このような事実は，私たちの未来を考えるうえで，とても大きな不安材料である。

さらにこのヒートアイランド現象化が進むと，エアコンの利用率が上がり，また都市の気温が上がることは容易に予想が立つ。その影響はA市にも無関係だとはいえない。なんとか改善のための方法を考えていく必要がある。そこでここに3つの提案をしていきたいと思っている。

第1には，エアコンの使用を各家庭が中止することである。第2に，アスファルトをすべて取り外し，昔のように砂利道にするのである。第3に，温度を下げる役割を果たす緑を増やす努力をしていくことが大切だと考えている。

このなかで最も有効な方法は何か議論した結果，エアコンの使用を各家庭が中止することが近道だという結論になった。そこで各家庭に呼びかけるために，学校の電話を借りて，お願いをすることになった。自分たちが大きな計画を考えていることに，この学習を進めてよかったという気持ちが強くなってきている。

ヒートアイランド現象について書かれた文章を情報の質によって4つに分けたのが表1である。

第1に，このようにして情報を区別してみると，文章のなかに入っているときはさほど感じないが，「偏見」の可能性の高い情報が多く混じっていることに驚く。学校の図書館にあるような本であれば，さほど誤った情報を獲得することはないであろうが，インターネットのように個人の責任がさほど問われないような情報源から入手した場合は，「偏見」が混入するおそれがあるので，よく注意するだけでなく獲得後も勇気をもって捨てることも大切である。子どもはせっかく獲得したからといってどの情報も無理矢理活用しようとする傾向にあるが，誤った情報を活用することのリスクは指導者がよく伝えていく必要がある。

第2に，「事実」「意見」「推測」「偏見」の区別は，複数の情報を統合する際に，それぞれを活用するかどうか判断する材料となることがわかる。たとえば「推測」については，複数の事実から予想されるであろうことを考えるわけで

表1　事実，意見，推測，偏見の区別

| | |
|---|---|
| 事実 | ●大都市は，周辺地域とくらべて気温が高くなってきている。<br>●過去100年間に，地球の1年間の平均気温は約0.6℃上がったが，日本の大都市では2〜3℃も上がっている。<br>●都市の建物をつくるコンクリートや，道路にいかれたアスファルトなどは，昼間の太陽の熱を吸収してたくわえる。<br>●自動車やビルのエアコン，工場などから出された熱が都市の空気をあたためて，温度を上げている。<br>●地球全体の気温が上がっているということは，私たちの住むA市の気温が上がっていることも意味している。 |
| 意見 | ◎このような事実は，私たちの未来を考えるうえで，とても大きな不安材料である。<br>◎何とか改善のためのを考えていく必要がある。そこでここに3つの提案をしていきたいと思っている。<br>◎温度を下げる役割を果たす緑を増やす努力していくことが大切だと考えている。 |
| 推測 | ○A市は東京都にも近いので，やはり同じように2〜3℃，100年前にくらべて気温が上昇しているといえるであろう。<br>○このヒートアイランド現象化が進むと，エアコンの利用率が上がり，また都市の気温が上がることは容易に予想が立つ。その影響はA市にも無関係だとはいえない。 |
| 偏見 | ▲エアコンの使用を各家庭が中止することである。<br>▲アスファルトをすべて取り外し，昔のように砂利道にするのである。<br>▲このなかで最も有効な方法は何か議論した結果，エアコンの使用を各家庭が中止することが近道だという結論になった。そこで各家庭に呼びかけるために，学校の電話を借りて，お願いをする<br>▲自分たちが大きな計画を考えていることに，この学習を進めてよかったという気持ちが強くなってきている。 |

あるが，ほかの情報を統合する過程で，確かな「事実」へとなる可能性がある。逆に不確かな要素が入ってきた場合には，「偏見」としてとらえられることも考えられる。また「偏見」であるとして捨てた情報が，実は正しいものだということになり，再び活用することもあるだろう。

　第3に，「事実」「意見」「推測」「偏見」の区別は，複数の情報を統合する際に，統合の観点を明らかにすることとなる。情報の統合というものは，そこに存在する情報をただやみくもに合体させることではなく，区別された4つの視点をもとに有機的に行われるべきものである。では，実際にどのようにして情報を統合していけばよいのであろうか。詳細については次項でふれていこう。

## （4） 情報を統合する

　「情報を統合する」こととは，「羅列的な情報を，ある一定の法則に基づいて，確かだと考えられる１つの方向性に持っていく」ことを意味する。総合的な学習に限らず，各教科の指導においてこの「統合」作業は，日常的に行われている類のものであるはずである。しかし授業実践の報告を聞いても，ここに着目したような報告はあまりなく，仮に報告があったとしても，子どもに統合の仕方を任せているにすぎない。総合的な学習は，細かな知識を覚えさせることが中心ではなく，学び方という「方法」を教えていく学習領域である。したがって，ただ統合しなさいというのではなく，統合の仕方を教えていくことが教師に求められている。では，実際に複数の情報を統合していくためには，どのような準備が必要であろうか。前述した「情報の質を区別する」ことを参考に，最初に次のような視点で整理しておくとよい。

　第１に，相反する事実や意見等があれば，どちらのほうが正しいのか吟味することが必要である。絶対的に正しいと信じている情報でも，ときにまちがっていることもある。または情報の受け手が曲解をしたために，情報の事実を曲げてしまった場合もあるだろう。羅列的な情報では気づかなくても，４つの視点で区別したならば，そうした矛盾点は明白になる可能性が高い。もしも矛盾した情報があった場合には，さらにほかの情報を収集することで，どちらの情報が正しいのか判断することが重要であろう。

　第２に，「事実」「意見」「推測」を並べたときに，それぞれの事例に対しある程度の情報が存在しているかという視点で見ることが必要である。もっとも，意見や推測については，情報を統合したあとに考えてもよいが，事実については相応の情報量が必要である。ある事例に関する事実の情報が，ほかのそれよりも極端に少ない場合は，さらに収集する必要があるだろう。

　第３に，事実から導き出された意見や推測が飛躍しすぎていないかという視点から見ることが必要である。逆に多くの事実があるのに，見解やまとめなどといったかたちで，意見や推測がまったく出ていない場合も注意が必要である。

　このような整理過程を経て，次に実際に情報の統合へとうつるわけである。

ただし前述したように，ただやみくもに情報を合体させることがここでねらっている統合ではない。安易に統合させてもそれなりのかたちにはなるかもしれないが，総合的な学習で大切なのは，情報を統合させる仕方を知るという「方法知」の獲得に主眼がおかれているかどうかである。

情報を統合させていくためには，まず質として区別された多くの情報をもとに，どのようなかたちで統合させていけばよいかを見通すことである。情報の絶対量や目標設定によって統合の仕方にちがいが出ることが多いので，いくつかの統合パターンのなかから適切な方法を選択する能力が必要となってくる。ここで扱う統合の仕方は，下記の4種類のものである。

（A）補完的統合
（B）精選的統合
（C）帰納的統合
（D）演繹的統合

では具体的に，情報のどのような絶対量や目標設定によって，ちがいが出るのだろうか。以下のなかで詳述するが，次にあげる統合の仕方は必ず実行されなければならないという類のものではなく，統合する際の一例である。

（A）補完的統合

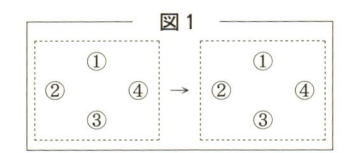

もともと情報の絶対量が少なく，ほかのもっとよい情報を活用したくても現有の限られた情報しかない場合は，そのほとんどをそのまま使うしかない。図1のように，①②③④の情報それぞれが重複することなく，またそれぞれに代わる情報がない場合は，そのままのかたちで活用することが，1つの統合のスタイルとなるであろう。ただし，気をつけなければならないのは，ほかに情報を獲得できないからといって，不要であったり偏見の可能性があったりするものを安易に活用することである。では実際に，どのようにして補完的統合を行っていくのだろうか。具体例を用いながら，統合の実際について説明していこう。

## 第4章　情報の整理

**補完的統合にいたる背景（例）**

　地球の温暖化について調べている児童が，自分の地域の温暖化の実態について調べようとしている。そこでまず①「地域の温暖化の現状」，②「地域の自然環境の変化」，③「県道の交通量の変化」，④「住宅の増加具合」を調べることにした。①〜④についてのデータが図書館や公民館の資料にないので，市役所に聞くこととした。

**情報統合の実際**

《獲得した情報》
①地域の気温は過去50年間に，1年間の平均で約0.4℃上昇した。
②地域の緑は大きく減ったが，具体的な数字としては残っていない。
③県道の交通量は大きく増えたが，具体的な台数等の数字はわからない。
④住宅数については，50年前は数十軒であったのに，現在は約5000軒近くある。また高層マンションも多く建っている。

→

《統合された情報》
　この地域の気温は過去50年間に，1年間の平均で約0.4℃上がった。それは地域の緑が大きく減り，県道の交通量が増えたことも関係していると思われる。住宅数も50年前の数十軒から約5000軒に増え，高層マンションが多いことも特徴である。住宅が増えたことにより，緑が減ったこともわかった。

　上記の例は，地域という限定された情報を収集しようとしたため，なかなか思ったように情報を収集できなかった様子を示している。収集先が市役所という公的機関であることを考えると，情報の信憑性は高いであろう。したがって，そのままのかたちで組み合わせることで，1つの統合された情報として扱うことになるのである。

　ただし，ここで統合された情報をもとに，次の疑問に対する学習が発生するはずである。たとえば，緑がどの程度減ってしまったのかという課題をもった場合，市役所にある50年前の航空写真と現在のそれとを見比べるのは可能であろう。何ヘクタールという正確な数字は出なくとも，写真を手がかりに，「何分の何」程度減ったという認識にはいたるはずである。

　統合というと，なんらかの加工を加えなければならないと思うかもしれないが，そのまま活用することが次の学習の課題づくりになる可能性も十分にあり，学習活動として成り立っていないわけではない。要は，収集した情報の条件に

より，それに合った統合をしていけばよいのである。

(B) 精選的統合

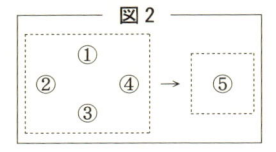

```
―― 図2 ――
    ①
  ②   ④   →   ⑤
    ③
```

情報の量が多すぎたり，獲得した情報同士で重複した内容が多かったりする場合には，補完的統合のようにすべての情報を生かそうとするには無理があり，またそうした必要性も少ない。図2のように，①〜④の情報のなかから都合のよい部分を選択し，それほど必要性の高くない情報は捨ててしまえばよいのである。そうして，各情報のよいところだけを集めてできた情報が⑤の情報であり，無駄のない内容的にも精選されたものとなる可能性が高い。ただし内容を精選していく過程では，勘に頼るのではなく，「目標」を達成させるためにどの内容を選択するのが適切であるのか精査する必要がある。情報の量が多いからといって，安易にそれを重要だととらえるのではなく，あくまでも設定した目標を達成するために必要な情報かどうかを吟味するなど，正しく評価していく姿勢が重要になってくる。では，精選的統合とは，実際にどのように行っていけばよいのであろうか。具体例を提示しながら説明していこう。

---

**精選的統合にいたる背景（例）**

地域の商店街の活性化を課題としている取り組んでいる児童が，その対策について具体的なプランとしてまとめようとしている。自ら買い物に行く機会がないその児童は，対応策を知る手がかりとして商店主や買い物客に「商店街を活性化させるためにはどうすればよいですか？」というアンケートをとった。下記にあげるのは，質問に対する回答を集めたものである。

**回答として集まった情報**

〈商店主から獲得した情報〉
 (1) スーパーマーケットにはないような商店街としての特徴を出す。
 (2) 売り上げが今後あまり期待できない場合は，店を閉める方向についても考えていく。
 (3) 掲示板に広告を貼って，各商店のその日の特売品がわかるようにする。
 (4) ただ売るだけでなく，調理法についても教えるレシピを配布していく。

（5）商店街ならどの店でも使えるようなポイントカードを発行する。
（6）定休日を設けず，お盆や正月三が日以外は営業するようにする。
（7）産地だけでなく生産者についてもできるだけ明示していく努力をする。
（8）商店ごとに定休日がちがうのではなく，商店街としての統一した定休日を設定していく。
（9）消費者が安心して買えるように，生産者の顔が見えるような工夫をしていく。

〈買い物客から獲得した情報〉
（1）商店街であればどの店でも同じように使えるポイントカードが統一してあるとよい。
（2）値段を全体的に下げてほしい。
（3）スーパーマーケットのように各商店で買ったものをまとめて出入り口で精算できると良い。
（4）商店街をつぶして巨大スーパーをつくればよい。
（5）お肉やお魚を買ったときには，その材料に合うレシピをくれるだけでなく，直接その調理法についても教えてほしい。
（6）その日の特売品がわかるような工夫を考えてほしい。
（7）スーパーマーケットなみの値段におさえてほしい。

### 精選的統合の視点

〈商店主から獲得した情報〉
- （1）のようにスーパーマーケットにないような特徴を出すことが大切だが，同時にすでにスーパーマーケットが行っているサービスに追いつくことも求められる。
- （2）の情報については，「商店街の活性化」というねらいから外れるために切り捨てる。
- （6）と（8）の情報については，どちらかの方法を選択しないと矛盾してしまう。デパートやスーパーマーケットが特定の定休日を設定していないことを考えると，商店街も定休日を設けないという（6）の情報を優先するほうがよい。
- （7）と（9）は似たような情報だが，（7）のほうが具体的なので（9）の情報は切り捨てる。

〈買い物客より獲得した情報〉
- （1）（3）（6）については，もともとスーパーマーケットが行っているサービスなので，まとめて記述する。
- （2）と（7）については，だいたい同じような内容である。ただし両方の表現には，「現状より下げる」ことと「スーパーマーケットなみにおさえる」というちがいがある。そこで両者を合わせ，「現状の値段を全体的に下げ，スーパーマーケットなみにおさえる」とする。

- （4）の情報については,「商店街の活性化」というねらいから外れるために切り捨てる。

実際に精選的統合を終えた情報（例）

〈商店主から獲得した情報〉
　　商店街を活性化させるためには，まずスーパーマーケットなどの大型店が行っているサービスに追いつくことが求められる。第1に，掲示板に広告を貼って，各商店のその日の特売品がわかるようにする。第2に，商店街ならどの店でも使えるようなポイントカードを発行する。第3に，定休日を設けず，いつ行っても店が開いている状態にすることである。また，スーパーマーケットにはないような特徴を出すことも大切である。たとえば，ただ売るだけでなく調理法についても教えるレシピを配布していくことはお客さんにとってありがたいはずである。また産地だけでなく，生産者についてもできるだけわかるようにしていく努力をすることもよいだろう。

〈買い物客から獲得した情報〉
　　商店街を活性化させるためには，現状の値段を全体的に下げ，スーパーマーケットなみにおさえることが大切である。また，スーパーマーケットなどの大型店が導入しているポイントカードのシステムや会計を一箇所で行う方法も検討すべきで，とくに支払いについては商店街の出入り口などでまとめてできるととても便利になる。さらには，その日の特売品がわかるような工夫も加えてすべきである。いっぽう，スーパーマーケットとのちがいを出すために，たとえば肉や魚を買ったときには，その材料に合うレシピをくれるだけでなく，直接その調理法についても教えてくれるなどのサービスがあるととてもよい。

　このように精選的統合をしていくと，情報の内容に重複部分がさけられるだけでなく，必要な情報の選択も事前にされるので，比較的無駄のない統合がされる可能性が高い。目の前の情報をすべて使わなくてはならない状況で行われる補完的統合に比べても，多くの情報を扱う分，情報の信憑性が高いともいえる。情報が多すぎても処理しきれないが，それでもある程度の量の情報は収集したいものである。

## （C）帰納的統合

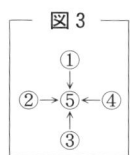

```
図3
 ①
②→⑤←④
 ③
```

　　　　　　　複数の情報を統合していくさいには，補完的統合や精選的統合のように，ただ情報を組み合わせるだけでなく，多くの情報から新たな情報を生むということが必要な場面も出てくる。たとえば，アンケート結果をまとめるといった作業では，情報を的確に組み合わせることができれば十分だが，そのアンケート結果をもとに次の取り組みの方針を出すといった場合には，収集した情報から何がいえるかを方向づけなければならない。つまり，図3のように，①〜④の情報をもとに⑤という新しい情報をつくっていくのである。「個別の事例を証拠として，それを含むような一般的主張を結論する推測を特に「帰納」と呼ぶ[38]」ことから，このような統合の仕方を「帰納的統合」と呼ぶこととした。

　帰納的統合をするさいに，最も気をつけなければならないのは，結論づけられた⑤という一般的主張が，①〜④の情報を必ず証拠としているという点である。①②から⑤がいえるといった限定された統合の仕方では，③④を証拠として使えなかったことを示し，つまりは⑤の内容が一般的主張としては成り立たないということになる。ここでの⑤の主張は，①〜④の情報に対して普遍性をもっていなくてはならないのである。

　しかしある特定の情報が，もともと一般化をしていく過程で矛盾があり不必要だと判断された場合は別である。たとえば，①の情報が不要な情報として該当する場合は，残った②〜④の情報をもとに⑤という一般的主張を導き出していけばよいのである。

　では，実際に帰納的統合をしていく過程を例示しながら見ていこう。

> **帰納的統合に至る背景（例）**
> 　地域の商店街の活性化を課題として取り組んでいる児童が，Aフラワーショップという花屋さんだけいつも特別に混雑している様子に気づいた。そこでその店が混んでいる理由を解き明かしていくことが商店街活性化のヒントになると考え，原因の究明に乗り出そうと観察や取材を始めた。すると次のようなことがわかった。

【ほかの商店との比較による混雑原因の解明】
- 他店と同様にポイントカードによるサービスはとくに行っていない。
- 毎週水曜日が定休日で，また年始年末もしっかりと休みを取っている。
- 同じ商店街の花屋Ｂ店と比べても，とくに花の値段が安いというわけではない。
- 花屋Ｂ店のほうがフラワー教室を開催するなど，活性化のための努力をしているように見える。
- 両隣の和菓子屋さんとクリーニング屋さんが混んでいて，その客が流れるという様子もない。

statistics 統合１：他店との比較による情報

　このＡフラワーショップの混雑の原因になっているような，特定の値段やサービス，また周辺的環境といった物理的条件はない。

【Ａフラワーショップの観察による混雑原因の解明】
　「統合１」の結論のように，ほかの商店にないような特定の物理的条件が混雑の原因になっていないということは明白である。そこで，ほかの原因を明らかにするため，Ａフラワーショップだけに観察の対象を限定し，３回に分けて見てみた。すると，次のような興味深い事実（証拠）が浮かび上がってきた。
- この店で花を買った買い物客は，その後も店員と立ち話を続けている。
- 店の中に椅子があり，そこでお茶を飲んでいる人もいる。
- 店員だけでなく一緒に話をしているお客さんの多くがニコニコと笑顔を絶やさない。
- 取材をしている私たちもその店員さんの仕草や様子を見ているだけで幸せになってくる。

統合２：Ａ店の観察による情報

　Ａフラワーショップの店員さんの人柄が，多くの買い物客を惹きつけている原因になっていることが考えられる。

　帰納的統合によりこのような結論を導き出したあとは，たとえば「特定の人物の魅力」が商店街の活性化の材料に成り得るかという課題で取り組んでいけばよいのである。そしてまた，そこで必要な情報を得ることができるであろう。このように，そのたびごとに適切な統合をし，「より的確な情報整理」へとつなげていくことが必要である。

## (D) 演繹的統合

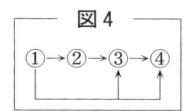

```
― 図4 ―
①→②→③→④
```

図4のように，①ならば②が，②ならば③が，③ならば④のことがいえる場合は，必然的に①であれば③や④のこともいえるはずである。こうした三段論法の要素をもつ「演繹」は統合として成り立たないと思われがちであるが，複数の情報同士の関係を明確にするといった観点から見ると，統合の1つのかたちだということができるであろう。では，このような統合の仕方は，どのような場合に役に立つのであろうか。

1つ目には，情報の結びつきを判断する材料となることがあげられる。いくらよい情報を獲得したとしても，①〜④の情報が独立していたのでは，将来的にそれらを処理することはむずかしい。それらがどのような順序で関係づけられているのかを知ることは，段階的に物事を解決していくうえでとても大きな要素となるのである。

2つ目には，「①→②→③→④」というラインだけでは気がつかないことについて，新たな発見がなされる可能性がある。演繹的統合の考え方により，「①→③」「①→④」「②→④」など多くの論理的な証明が可能になる。たとえば④というゴールに向かうとき，①という証拠を獲得しやすい場合は，「①→④」の流れで確認すればよいのである。②や③の証拠の収集に時間がかかることが予想される場合は，①の証拠を集めればよいのである。このように学習者を取り巻く条件により，効率よく整理が必要な場合には大いに役に立つ。

3つ目としては，理論の妥当性を検証することが可能な場合があるということがあげられる。仮に学習者が，「①」「②」「③」「④」すべての理論立てについて正しいと思っているとする。しかし，たとえば「①→②」「②→③」が正しいとしても，「③→④」の理論の流れに妥当性を欠く場合は，当然のことながら，「①→④」「②→④」の流れも成立しないこととなる。こうしたとき，④の考えの導き方や④の内容そのものに無理があるということが判明するであろう。このように三段論法の妥当性を検証するという作業をとおして，統合の仕方に問題はなかったかどうか吟味することが可能になってくるのである。

このような情報を加工する過程で行われる演繹的な統合の作業は，小学校の児童にはややむずかしい要素が多いかも知れない。だが自分の考えを組み立てていくためには，情報を系列的に統合させていくことは不可欠であり，それがさらに自分の主張をも強固にしていくことにつながっていくはずである。

## 2　情報の分類

　前述のように，加工したといっても，獲得された情報の全体をまとめたことにはならない。まだそれぞれの情報が単独に存在するだけで，互いに有機的にかかわる段階にはいたっていないからである。情報相互の関連性を確かなものにするためには，その情報を整理するために必要な明確な視点に基づいて「分類する」ことが不可欠な要素となってくる。分類することにより，加工された情報，その相互の関係がより鮮明に見えてくるからである。
　では，実際に「分類すること」とはどのようなことであろうか。分類とは，種類別に分けることを意味する。つまり「どのような種類があるのか」を明確にし，その視点に基づいて分けることを分類というのである。具体的には，下記のような4つの視点で12に分類できると考える。

(1)　人・空間・時間に着目した視点
① かかわった人（機関・組織等も含む）に応じた分類
　機関や組織も含めて，その情報のなかに登場する人間がそれぞれどう取り組みにかかわっているのか，「人間」を主体にした分類の視点をさす。また，ときとして人間ではなく，ほかの生物を主体として分類する場合も考えられるであろう。

　　〈分類前の情報〉
　　　地域でブドウ園を営むAさんは，私たちにブドウの栽培の仕方について，詳しく教えてくれました。大きな苦労としては，天候が収穫に大きく

かかわるので，いかにして水を確保するかという問題があるそうです。いっぽう，米づくりをしているBさんには，心配される稲の病気について聞いてみました。すると，稲熱病というこたえが返ってきました。稲の病気としては，国内最大のものだそうです。Aさんも自宅裏の水田で稲作をしているということでしたが，販売目的ではなく家族が1年間に食べる量の栽培ということでした。Bさんは稲作だけで生活しているので，不作の年は他の場所にアルバイトに行くことを打ち明けてくれました。

〈分類後の情報〉

　地域でブドウ園を営むAさんは，私たちにブドウの栽培の仕方について，詳しく教えてくれました。大きな苦労としては，天候が収穫に大きくかかわるので，いかにして水を確保するかという問題があるそうです。また自宅裏の水田で稲作をしているということでしたが，販売目的ではなく家族が1年間に食べる量の栽培ということでした。

　いっぽう，米づくりをしているBさんには，心配される稲の病気について聞いてみました。すると，稲熱病というこたえが返ってきました。稲の病気としては，国内最大のものだそうです。Bさんは稲作だけで生活しているので，不作の年は他の場所にアルバイトに行くことを打ち明けてくれました。

　AさんにしてもBさんにしても，自然を相手にする仕事というものはとても大変なものだなとつくづく感じました。

② 空間に応じた分類

　空間（場所）による分類とは，「どこで起こったか」に着目するものであり，たとえば「誰が」「いつ」といった視点はその対象とならない。それでは前述した「ブドウづくりのAさん」と「米づくりのBさん」に分類した視点を，次は同じ元となる情報を使って，『空間』に視点を向けた分類へしなおしてみよう。同じ元の情報でも，分類の仕方によって見方がまったく変わることに気づくだろう。

〈分類後の情報〉

　この地域は住宅地として発展してきたにもかかわらず，ブドウ園や水田が残るという田園的な要素ももっています。それぞれの場所の様子を説明

すると次のとおりとなります。
　　　まずブドウ園について見てみると，ここはAさんという方が農業として仕事をしている所です。大きな苦労としては，天候が収穫に大きくかかわるので，いかにして水を確保するかという問題があるそうです。
　　　いっぽう，米づくりについて見てみると，こちらはBさんという方が育てていることがわかりました。心配される稲の病気について聞いてみると，稲熱病というこたえが返ってきました。稲の病気としては，国内最大のものだそうです。ブドウ園を経営しているAさんも自宅裏の水田で稲作をしているということでしたが，販売目的ではなく家族が一年間に食べる量の栽培をするということでした。
　　　ブドウ園についても田んぼについても，こんな都会のような所で農業が行われているというのはびっくりです。この地域に住んでいながら，今でまったく知りませんでした。

　同じ情報でも，視点がちがうことで分類の仕方が大きく変わる。「何のための情報整理なのか」という意識を念頭におき，目的にあった分類をすることが肝要であろう。
　③ 時間に応じた分類
　一般的には「過去→現在→未来」という時間の経過にそって分類することが考えられる。

　　〈分類前の情報〉
　　　今年は梅雨がなかなか明けず，海の家には人がほとんど来ないという状態が続いている。7月に入っても最高気温がなかなか25℃を越えないためだ。去年は7月から連日30℃を越える暑さで，海の家に入るのも順番待ちという状態だった。しかし，今年は冷夏のおかげで，まだ水不足という話は日本各地どこでも聞かれていない。いっぽう，去年は8月には水不足が深刻になり，四国のいくつかのダムでは貯水率0％という事態が起こるほどであった。気象庁の長期予報によると，来年も冷夏が予想されるということである。
　　〈分類後の情報〉
　　　去年は7月から連日30℃を越える暑さで，海の家に入るのも順番待ちという状態だった。また8月には水不足が深刻になり，四国のいくつかのダムでは貯水率0％という事態が起こるほどであった。
　　　今年は梅雨がなかなか明けず，海の家には人がほとんど来ないという状態

が続いている。7月に入っても最高気温がなかなか25℃を越えないためだ。しかし冷夏のおかげで、まだ水不足という話は日本各地どこでも聞かれていない。
　気象庁の長期予報によると、来年も冷夏が予想されるということである。

　ここで「時間に応じた分類」をしたわけだが、分類前の情報のほうが「最高気温→水不足の問題」という話の展開について見てみるとわかりやすい。時間の経過で分類してみると、その年による気象の変化と水不足との関連性が明白となる。分類の仕方によって、情報の見え方が大きくちがってくるといえるだろう。


(2)　分析する方法や内容，結果に着目した視点
④ 分析方法（調査方法）に応じた分類
　「どのような方法で分析したり調査したりしたか」という見方で分類する視点をさす。そのために，分析方法が複数あるということが前提となる。ここでは「川の汚染」について調べるということを例にして，分類の実際について説明していこう。


　〈分類前の情報〉場所による分類
　　S川の上流に行ってみた。川幅はとても狭いが，山から流れてくる水はとても澄んでいるように見える。まず，川の水質を調べることにした。最初にBOD（生物的酸素要求量）テストを行った。これは水中の微生物が有機物を分解するときに必要な酸素の量をはかるもので，数値が高いほど汚染がひどいことを示す。テストを実施した結果，非常に低い数値で，川がほとんど汚染されていないことがわかった。つぎに，COD（化学的酸素要求量）テストを行った。これは酸化剤を使って有機物などを人工的に分解するときに必要な酸素の量をはかる方法で，やはりCODの値が大きいほど有機物による汚染がひどいことを示すものである。テストの結果こちらも低い数値で，有機物による汚染がされていないことを示していた。続いて川辺のゴミの量について調べてみた。上流のある区間100mを計測し，その間にあるゴミの種類と量を調べたところ，ビニール袋が1枚，紙くずが3個，空き缶が1個という結果であった。
　　つぎに，S川の下流に行ってみた。上流に比べて川幅はとても広くなっ

ており，見た目にも水が汚れている様子がよくわかる。BODテストを最初に行ったところ，多くの有機物が分解されているというとても高い数値を示しており，川の汚染の深刻さを物語っていた。CODテストにおいては数値が4を示しており，「COD値が5を越えると川とは呼べない」ことから見ても，非常に汚染が進んでいるということを示していた。川辺のゴミの量についても上流と同様に100mという区間を設定して調べたところ，空き缶275個，紙くず数100個，自転車やテレビなどの粗大ゴミの放置など，細かくは数え切れないほどであった。

〈分類後の情報〉

　川の上流と下流の水質汚染を比べるために，最初にBOD（生物的酸素要求量）テストを行った。これは水中の微生物が有機物を分解するときに必要な酸素の量をはかるもので，数値が高いほど汚染がひどいことを示す。テストを実施した結果，S川の上流では非常に低い数値で，川がほとんど汚染されていないことがわかった。つづいて，同テストを下流で行ったところ，多くの有機物が分解されているというとても高い数値を示しており，川の汚染の深刻さを物語っていた。

　つぎに，COD（化学的酸素要求量）テストを行った。これは酸化剤を使って有機物などを人工的に分解するときに必要な酸素の量をはかる方法で，やはりCODの値が大きいほど有機物による汚染がひどいことを示すものである。テストの結果こちらも下流は低い数値で，有機物による汚染がされていないことを示していた。その反対に下流ではとても高い数値を示しており，川の汚染の深刻さを物語っていた。CODテストにおいては数値が4を示しており，「COD値が5を越えると川とは呼べない」ことから見ても，非常に汚染が進んでいるということを示していた。

　さらに，両者のちがいについて観察してみた。川の様子は目で見ただけでも上流は美しいとわかるが，下流は見た目にも汚れがはっきりとわかるほどであった。つづいて，川辺のゴミの量について100mという区間を計測し，その間にあるゴミの種類と量を調べたところ，上流ではビニール袋が1枚，紙くずが3個，空き缶が1個という結果であった。逆に下流では，空き缶275個，紙くず数100個，自転車やテレビなどの粗大ゴミの放置など，細かくは数え切れないほどであった。

⑤　分析内容（調査内容）に応じた分類

　「どうやって調べるのか」が分析方法（調査方法）であったのに対し，「何を調べるのか」が分析内容（調査内容）である。前述の川の汚染についての情報をもとに，ここでは「内容」に視点をおいた分類をしていこう。

〈分類後の情報〉
　川の汚染について調べるために，ここでは水質と川辺のゴミという2つの視点に基づいてまとめていこう。
　まず川の水質について調べるために，化学的調査を行うこととした。最初に，BOD（生物的酸素要求量）テストを行った。これは水中の微生物が有機物を分解するときに必要な酸素の量をはかるもので，数値が高いほど汚染がひどいことを示す。テストを実施した結果，川の上流では非常に低い数値で，川がほとんど汚染されていないことがわかった。逆に下流では多くの有機物が分解されているというとても高い数値を示しており，川の汚染の深刻さを物語っていた。つづいて，COD（化学的酸素要求量）テストを行った。これは酸化剤を使って有機物などを人工的に分解するときに必要な酸素の量をはかる方法で，やはりCODの値が大きいほど有機物による汚染がひどいことを示すものである。テストの結果こちらも上流は低い数値で，有機物による汚染がされていないことを示していたが，下流ではまったく反対の結果であった。水質のちがいは見た目でも明らかで，上流の水が澄んできれいなのに対し，下流の水は汚れがひどかった。
　つづいて，川辺のゴミの量について調べてみた。上流のある区間100mを計測し，その間にあるゴミの種類と量を調べたところ，ビニール袋が1枚，紙くずが3個，空き缶が1個という結果であった。下流のゴミの量についても上流と同様に100mという区間を設定して調べたところ，空き缶275個，紙くず数100個，自転車やテレビなどの粗大ゴミの放置など，細かくは数え切れないほどであった。

⑥ 分析結果（調査結果）に応じた分類

複数の分析結果（調査結果）があり，またその中身が対立的もしくはデータとしてちがいが明確な場合は，このような分類が可能になる。

〈分類前の情報〉
　学区の自然環境を知るために，学区内にあるA町～C町の土地利用の様子を分けて調べることで，その実態を明らかにしていこう。
　まずA町では，雑木林や果樹園，また水田が多く残っていた。住宅が少ないことが理由だが，もう1つこの町には県道が通っていないということが理由としてあげられる。空き地なども多く，緑が多いというのが特徴でもある。

つぎに，B町について調べてみると，高いマンションが多く集まり自然が少ない場所と，雑木林など自然が多い場所とに二分されていることがわかった。高層マンションは駅前に集中しており，駅から離れるほど自然が多くなることを確認できた。
　　最後に，C町についてわかったことは，県道が通っているにもかかわらず，果樹園や水田が残っているということである。県道沿いにこうした自然が残っていることは不思議だったが，駅前を通る県道に比べて極端に交通量が少ないことが原因ではないかと考えられた。
　〈分類後の情報〉
　　学区の自然環境を調べたところ，緑が多く残る場所と極端に緑が少ない場所との2つに分かれていることがわかった。それぞれの原因について考えてみたところ，次のようなことがわかってきた。
　　まず緑の多いところは，駅前や県道という人や交通の集中していないところである。C町には県道は通るが，交通量が少ないために果樹園や水田が残るということも分かった。また住宅が少ないということも要素の1つであり，そうした条件をいくつか満たしているA町とC町，またB町の一部に自然が残ることが判明した。
　　反対に緑の少ないところは，交通も人も集中するような場所である。したがって，B町の高層マンションが立ち並ぶ駅前は，自然がほとんどないということがわかった。また，C町を通る県道に比べて，B町を通る県道の交通量が極端に多いことも関係していると思われる。

(3)　情報の対立性・対比性に着目した視点

⑦ 対立する意見に応じた分類

　たとえば，「賛成・反対」など，意見に2項対立が見られる場合は，その対立軸の視点に基づいて分類していくことが考えられる。

　〈分類前の情報〉
　　農作物への農薬散布の実態について考えてみることとなった。農家の人々が農薬を使っているかどうか調査したところ，出荷用の農作物へはすべて農薬を使っているとのことだった。しかし，この状況でよいのだろうか。農薬というのは原液について見た場合，微量でも人間の致死量に達する場合がある。しかし，農家の人々の言い分はこうだ。「野菜に虫が食べた痕があった場合，消費者はまず買わない。買わない物をつくることはできない。」また，消費者のなかにも農薬の使用に対して肯定的な意見がある。

それは，農薬を使用しない場合よりも安く買えるということだ。ただ安いからといって健康をおびやかすことがあってもよいのかという問題も残っている。
〈分類後の情報〉
農作物への農薬散布の問題については，賛成と反対とに大きく分かれている。
反対の意見としては，まず農薬の人体に対する影響が指摘された。農薬というのは原液について見た場合，微量でも人間の致死量に達する場合がある。したがって，ただ安くなるからといって健康をおびやかすものを放っておくのは問題が残るという見方がある。
いっぽう，農薬の使用もやむなしという考え方もある。なぜなら，野菜に虫が食べた痕があった場合，消費者はまず買わないからである。また，消費者のなかにも農薬の使用に対して，農薬を使用しないと農作物の値段が上がるとして歓迎しないという考え方も根強い。

⑧ 対比する材料に応じた分類

「もの」をはじめとして「人間以外の生き物」や「題材」など，その存在意義や立場に対比性が見られる場合，両者の立場を分ける視点から分類していくことが考えられる。

〈分類前の情報〉
学級園にジャガイモとキュウリのどちらを植えたほうがよいかという問題が発生した。「食べる」という視点からすると，キュウリのほうが人気があった。調理しなくても，そのまま生で食べられるからだ。ただし保存がきくという理由から，ジャガイモの栽培に賛成する意見もいくつか出てきた。調べた結果，3カ月以上は保つということであった。しかし，ジャガイモは肥料をたくさん吸収するため，その後にほかの農作物を植えてもよく育たないという弱点をもっていることが分かった。いっぽうキュウリは，病気になりやすく育てにくいという面をもつこともわかってきた。いろいろ整理した結果，土の中にジャガイモがどのようにあるのか見たいという意見が多く，ジャガイモを育ててみることになった。
〈分類後の情報〉
学級園にジャガイモとキュウリのどちらを植えたほうがよいかという問題が発生した。
キュウリについて見てみると，「食べられる」という観点から人気があっ

> た。ジャガイモのように調理しなくても，そのまま生で食べられるからだ。しかしキュウリは，病気になりやすく育てにくいという面をもつこともわかってきた。
> 　保存がきくという理由から，ジャガイモの栽培に賛成する意見もいくつか出てきた。調べた結果，半年以上は保つということであった。しかしジャガイモは肥料をたくさん吸収するため，その後にほかの農作物を植えてもよく育たないという弱点をもっていることがわかった。
> 　いろいろ整理した結果，土の中にジャガイモがどのようにあるのか見たいという意見が多く，ジャガイモを育ててみることになった。

　⑨ 対比する行動に応じた分類

　対立する「意見」や「材料」と同様に，分類できるほど複数の対比関係にある「行動」が存在した場合，このような整理は可能である。たとえば『雀の生態について調べる』という課題があった場合，その行動様式から「求愛行動」「警戒行動」「威嚇行動」「捕食行動」などに分類することができるのである。行動ごとの分類をすることで，雀の生態はさらに明白になるはずである。

　⑩ 対比する現象に応じた分類

　これも上記の「対比する行動に応じた分類」と似たような視点で整理できる。たとえば，水が元になる自然現象を調べていくなかで，「霧」「霜柱」「氷柱」などの自然界の不思議に出会う可能性がある。そうするとその現象がそのまま分類の視点となるのである。

（4）　心情や背景に着目した視点

　今までは分類の対象が具体的なものであったが，人間の気持ちや背景といった抽象的なものが分類の視点となることもあるだろう。ただ，こうした分類の場合は，主観的になりすぎることは避けるべきで，情報の全体像をきちんと把握したうえで，「多くの情報を総合するとどのような心情だといえるのか」また「背景のとらえ方が適切であるのか」などを正確に理解する必要がある。そうして，きちんとした基準（分類の視点）をつくったうえでないと，その先にある分類そのものが無意味なものになってしまうおそれがある。

## ⑪ 心情や感じ方に応じた分類

自分の心情を分析する場合には，主観的になりすぎ，相手の心情を分析するには無頓着すぎるということが考えられる。「なぜそうした心情になったのか」という原因を明確にしながら，適切な分類をしていくことが求められる。

〈分類前の情報〉

　福祉に関する学習の一環として「老人ホームとの交流」を企画したのだが，これが最初からスムーズに軌道に乗ったわけではない。

　最初に依頼しに行ったときは，受け入れてもらえるどころか，「入所されている高齢者の方の生活や気持ちのペースが乱れてしまうので，ご遠慮願えませんか」という断りの返事だった。また，この1カ月前に同様の体験をした学校のマナーが悪く，高齢者の方に不快な気持ちを与えてしまったことも大きく関係しているようであった。粘り強く頼んだ結果，「1回だけなら…」ということで，なんとか交流体験の機会を得ることに成功した。

　実際の交流では自分たちが事前学習をしっかりと行っていった甲斐があり，多くの高齢者の方が喜んでくれた。とくに高齢者の方々の語る小学校時代の思い出ではとても盛り上がり，互いに質問をしあうことが2時間近くも続いた。

　だが，突然やって来て時間がきたら学校に戻るということに対して，にぎやかすぎて迷惑だと感じている高齢者も何人かいるようにも感じた。なかには，静かに過ごしたいという人もいるのだなと思い，交流することのむずかしさを感じた。

　学校に戻ってから1週間すると，老人ホームのAさんというおばあちゃんから手紙が来た。だいたいの内容としては，「久しぶりに大きな声で笑って楽しかった。ぜひまた遊びに来る機会をつくってほしい」ということであった。もしかしたら迷惑だったかも知れないと感じていたときだったので，とてもうれしい便りとなった。

〈分類後の情報〉

　福祉に関する学習の一環として「老人ホームとの交流」を行ったが，相手の気持ちを考えるとよかった部分と反対にむずかしい部分があることが分かった。

　最初に依頼しに行ったときは，受け入れてもらえるどころか，「入所されている高齢者の方の生活や気持ちのペースが乱れてしまうので，ご遠慮願えませんか」という断りの返事だった。またこの1カ月前に同様の体験をした学校のマナーが悪く，高齢者の方に不快な気持ちを与えてしまったことも大きく関係しているようであった。その後1回だけという条件で交

流を許可されたが，突然やって来て時間がきたら学校に戻るということに対して，にぎやかすぎて迷惑だと感じている高齢者も何人かいるようにも感じた。なかには，静かに過ごしたいという人もいるのだなと思い，交流することのむずかしさを感じた。
　喜ぶ高齢者が多いということも事実であった。とくに高齢者の方々の語る小学校時代の思い出ではとても盛り上がり，互いに質問をし合うことが2時間近くも続いた。学校に戻ってから1週間すると，老人ホームのAさんというおばあちゃんから手紙が来た。「久しぶりに大きな声で笑って楽しかった。ぜひまた遊びに来る機会をつくってほしい」ということであった。もしかしたら迷惑だったかも知れないと感じていたときだったので，とてもうれしい便りとなった。
　こうした「人による感じ方のちがい」という事実をふまえ，次の活動を考えてみた。

⑫ 背景に基づいた分類

　背景を的確にとらえるためには，基本的には「時間」「空間」「人」の3要素に着目しながら，「どうして」「どのように」という問いを繰り返していくことが重要である。そうすれば，物事が存在する理由や経緯などをより正確に把握できる可能性が高くなる。そして，そこに複数の視点で背景が存在することを見つけられたとき，分類という情報整理ができるようになるのである。

〈分類前の情報〉
　私はクラスのみんなに「地域の活動で最も楽しいものは何か」というアンケートをとりました。その結果圧倒的に多かったのが，『地域のお祭り』という答えでした。「お祭りの笛や太鼓の音が聞こえてくるだけで体がウキウキしてくる」という感想もありました。そこで，『お祭り』について調べてみることにしました。
　まず，「お祭り実行委員長」のAさんの自宅に取材に行きました。最初にお祭りの歴史について聞きました。この地域のお祭りは，数百年も前から伝わるもので，もとは農作物の豊作を願うという理由ではじまったものだそうです。戦争で数年間中断もしたそうですが，地域の人々の要望で再開するとさらに大きな大きな規模になったということでした。現在は豊作という目的はありませんが，多くの人間が準備からかかわるために地域のまとまりという点で大きな意味があると話をしてくださいました。

何人かの地域の人に「お祭りの魅力」について聞いてみました。すると，「小さな時から祭りに親しんでいるから無条件で楽しい」という答えが返ってきました。この地域にずっと住んでいる人もいますが，地方から出てきた人も多い地域なので，「楽しかった地方でのことを思い出す」ということを指摘されていました。
　私の母もお祭りの価値について，「お祭りをとおして同じ地域でみんなで暮らしているという実感をもてるからいいのよ」という話をしていました。そういえば同じ地域のなかでも，町ごとに浴衣をそろえたりしています。

〈分類後の情報〉
　私はクラスのみんなに「地域の活動で最も楽しいものは何か」というアンケートを取りました。その結果圧倒的に多かったのが，『地域のお祭り』という答えでした。そこで，なんでそこまでお祭りが人気なのかを調べることとしました。
　まずは，歴史的な背景について調べてみることにしました。そこで「お祭り実行委員長」のAさんの自宅に取材に行きました。最初にお祭りの歴史について聞きました。この地域のお祭りは，数百年も前から伝わるもので，もとは農作物の豊作を願うという理由ではじまったものだそうです。戦争で数年間中断もしたそうですが，地域の人々の要望で再開するとさらに大きな大きな規模になったということでした。
　またお祭りには，地域の活性化をねらうという背景があることもわかりました。それは実行委員長のAさんから，現在は豊作という目的はなくても，多くの人間が準備からかかわるために地域のまとまりという点で大きな意味があるという話を聞いたからです。私の母もお祭りの価値について，「お祭りをとおして同じ地域でみんなで暮らしているという実感をもてるからいいのよ」という話をしていました。そういえば同じ地域のなかでも，町ごとに浴衣をそろえたりしていることがその証拠かも知れません。
　お祭りは，人々が楽しくなるような要素もたくさん揃っています。クラスの仲間にアンケートをとった結果のなかに，「お祭りの笛や太鼓の音が聞こえてくるだけで体がウキウキしてくる」という感想がありました。また何人かの地域の人に「お祭りの魅力」について聞いてみました。すると，「小さなときから祭りに親しんでいるから無条件で楽しい」というこたえが返ってきました。この地域にずっと住んでいる人もいますが，地方から出てきた人も多い地域なので，「楽しかった地方でのことを思い出す」ということを指摘されていました。
　こうした3つの背景があることがわかったので，次はそれぞれの様子についてさらに深く調査しました。次にあげるものがその結果です。（後略）

## 3　分類した情報の取捨選択

　「情報活用に必要な整理能力」のなかで求める「取捨選択の力」とは,「情報活用に必要な選択力」で記述した内容とは大きく異なる。
　「情報活用に必要な選択力」とは,まだ情報を整理する以前にある程度必要な情報を収集するための方法をもち,実際に効率的な情報収集を行えることをさしている。ただやみくもに情報を集めて,そのすべてを事細かに処理していくとしたら,かかる時間は膨大になるといわざるをえない。したがって情報を選択する段階では,この情報が必要かも知れない程度の見通しをもち,のちの学習過程を効率的に進めるといったことをねらっている。
　いっぽう,「情報活用に必要な整理能力」のなかで求める「取捨選択の力」とは,情報の「加工」「分類」という過程を経てのものである。要素ごとに分類した後の取捨選択であるため,ねらいに基づいて適正に情報が研ぎ澄まされていくことは必至であり,取捨選択後の情報で最終的な処理をしていくために「ある程度の選択」では済まない面ももっている。ここでの取捨選択の視点として不可欠なのは,次の4点である。

① 一定の視点に基づいて分類した情報を見て,ねらいに即して判断したとき,不要だと思われる場合はそのまとまりごとに捨てるという覚悟をもつことである。調べたからもったいないという理由で無意味に情報を残すことは,全体を無にする危険性をはらんでいる。

② 情報を分類した結果,ある部分だけかも知れないが,矛盾している事実や主張を発見する場合が時としてあるだろう。その場合は両者の表現を削除したり,統一したりする作業が必要になってくる。また,矛盾する視点が根幹をついている場合は,さらに深く理解・判断し,次の取捨選択の準備としていく必要がある。

③ 分類した結果,ある視点に基づいた情報だけが極端に少ないということを気づく可能性もある。その場合は主張の信憑性や説得性を高める意味

でも，さらに情報を獲得しようとする姿勢が大切になってくる場合もある。
④ 次の情報活用の過程である「情報処理」について意識することも，場合によっては必要である。なぜなら最終的には，処理した情報は相手に伝達するというゴールをもっているからである。その伝達を考えた場合，「内容的にむずかしすぎる」「この情報が入るとまとめにくい」などの問題も発生するかもしれない。最終的に相手に伝えることをねらうのであれば，伝達を阻害するような情報を切り捨てるという選択もあり得る。

## 4　順序の並び替え

「加工→分類」した情報をさらに取捨選択し，最終的に必要な情報だけを残したとしても，最後の整理段階として「並び替え」の作業が必要とされる。それは学習していくなかで獲得した情報が，入手した順序で並べられている可能性が高いからである。情報を入手した順番というのは，たまたま学習者がなんらかのタイミングで獲得した順番であり，「自分がわかりやすいように」「相手に説得性をもって伝えられるように」という順番で最初から並んでいるわけではない。分類等の過程である程度は並び替えの意識がされているかもしれないが，それでも情報整理の最終過程として並び替える作業をすることは，次に効率的に情報処理できる可能性が高まることを意味する。

それでは，実際に情報を並び替えていくわけだが，「なんのために並び替えるか」という視点をもつことが重要である。その視点とは，そもそもの学習活動のねらいに即して設定されるべきものであり，同時に「ある視点に基づいて並びかえたとき，このように相手に伝わるような効果がある」という事実も知っておくべきであろう。並び替えの仕方によっては，相手にわかりやすく効果的に伝わるかどうかに大きく影響を与えるからである。具体的な並び替えの視点としては，次の5点が考えられる。

（1）時間的な順序で並び替える。

(2)「こう考えたから次はこう考える」といった思考の順序で並び替える。
(3) 帰納的な導き出しをするとき，効果性や説得性の高い順序で並び替える。
(4)「小→大，身近→広域，具体的→抽象的，平易→難解」などといった視点で並び替える。
(5) ねらいや対象によって，意図的に順序を並び替える。

それぞれの並び替えの視点について，どのような意味があり，実際に並び替えていく際にどのような点に配慮していけばよいのかなどを，次に具体例を提示しながら説明していこう。それぞれどの方法が必要かが見えてくるだろう。

(1) 時間的な順序で並び替える

「小学校学習指導要領解説国語編」において第1学年および第2学年の「B 書くこと(2) 内容①指導事項」では，「自分の考えが明確になるように，事柄の順序に沿って簡単な構成を考えること[39]」とあるように，情報を時間的な順序に基づいて並び替える学習は，小学校低学年のうちから既習事項である。学習者である子どもたちにとって，最も身近な並び替えの方法だといっても過言ではないだろう。

では，時間的な順序で並び替えたほうがよい情報とは，どのようなものであろうか。それは時間の経過とともに物事や事柄が推移していく類の情報である。たとえば，「昆虫の成長」「道具の発達」「人間の進化」「自分の通う学校の歴史」など，情報を時間的に並べ替えると自然と課題の解決につながるようなものが考えられる。

だが，気をつけなければならないのは，「時間的な順序で並び替えたほうが説得の効果が高い情報についてのみ，時間的な順序で並べていく」という視点である。逆にいうと，ほかの視点で並べたほうが説得の効果が高いのに時間的な順序で並び替えるというのは，情報を整理するということから見るとあまり意味がないということになる。では実際に時間的な順序の並び替えがそぐわない情報を，時間的な順序で並び替えたときにどのようになってしまうか，前述の「地域のお祭り」の事例を元にして見てみよう。

第4章　情報の整理

> 　私は『地域のお祭り』について，過去から現在までどのように思われてきたのか，それを時間的にまとめてみました。
> 　まず，「お祭り実行委員長」のAさんの自宅に取材に行きました。最初に，お祭りの歴史について聞きました。この地域のお祭りは，数百年も前から伝わるもので，もとは農作物の豊作を願うという理由ではじまったものだそうです。戦争で数年間中断もしたそうですが，地域の人々の要望で再開するとさらに大きな大きな規模になったということでした。現在は豊作という目的はありませんが，多くの人間が準備からかかわるために地域のまとまりという点で大きな意味があると話をしてくださいました。
> 　私はクラスのみんなに「地域の活動で最も楽しいものは何か」というアンケートをとりました。その結果圧倒的に多かったのが『地域のお祭り』という答えでした。「お祭りの笛や太鼓の音が聞こえてくるだけで体がウキウキしてくる」という感想もありました。
> 　その後，何人かの地域の人に「お祭りの魅力」について聞いてみました。すると，「小さな時から祭りに親しんでいるから無条件で楽しい」というこたえが返ってきました。この地域にずっと住んでいる人もいますが，地方から出てきた人も多い地域なので，「楽しかった地方でのことを思い出す」ということを指摘されていました。
> 　昨日，私の母もお祭りの価値について，「お祭りをとおして同じ地域でみんなで暮らしているという実感をもてるからいいのよ」という話をしていました。そういえば同じ地域のなかでも，町ごとに浴衣を揃えたりしています。

　この情報は，「数百年前の歴史→最近クラスで取ったアンケート→その後地域の人に聞いた情報→昨日自分の母親から聞いたこと」という時間の経過に基づいて順序立てたものである。だが，数百年という年月とここ数日とを，同じ「時間の経過」という尺度で並び替えてもあまり意味がない。やはり，学習のねらいに基づいた尺度が必要であろう。

(2) 「こう考えたから次はこう考える」といった思考の順序で並び替える

「A ということを考えたから，次の B という発想が浮かんだ」という思考的な配列があったとする。この場合「A→B」ということはいえても，「B→A」ということがいえるとは限らない。また，たとえば地域という狭い範囲と日本という広い範囲の情報が存在した場合，一般的には「狭い範囲→広い範囲」という順序立てをするのであろうが，「地域のことから日本全体がわかった」というケースではこのような順序でも，「日本全体を見てみると地域のこのような特徴がわかる」という内容では逆の「広い範囲→狭い範囲」という順序立てとなる。このように，どのような思考をしていくのかという視点により，大きく順序立ては異なる。次の具体例では，順序のちがいによりどれほど伝わり方がちがうかということを説明していこう。

〈元となる情報〉

地球の温暖化について調べた情報のなかで，「温暖化については人間の力で完全に阻止することはむずかしい」というものと，「人間は文明社会のなかで生きていくしか術がないが，そのなかでも可能な取り組みを継続させることが大切だ」というものとが出てきたとする。そうした情報を受けて，学習者は次の2つの考えをもつにいたった。

A　温暖化を引き起こしたのが人間である以上，その温暖化の進行を食い止めるのも人間の責任である。地球環境を激変させるだけでなく，絶滅危惧種についても心配されているからである。また，マラリア蚊の北上という事実等からもわかるように，このままでは人類の滅亡という最大の危機を迎える可能性が否定できない。だが，温暖化を完全に食い止めることは現実的にむずかしい。なぜなら，人間は一度手に入れた環境を手放すことのできない社会的動物だからである。

B　文明が維持されるということは，地球の温暖化も多少はやむを得ないということを意味しているかもしれない。しかし，まったく温暖化に対してなんの取り組みもしないというのは，地球の滅亡に向けてみんなが賛同したという結果になってしまう。個人として，地域として，国家として，そして地球規模で，継続的にできて効果のある取り組みを模索し実行していくことが，現実的に効果の期待できる方策なのではないかと考える。

〈情報の取り扱いの実際〉
　Aでいっている内容は「温暖化を完全に食い止めることは現実的にむずかしい」ということであり，Bでいっている内容は「継続的にできて効果のある取り組みを模索し実行していくことが大切なことである」ということである。
　情報の順序を『A→B』とした場合は，「温暖化を完全に食い止めることは現実的にむずかしいが，それでも人類の未来のためには，継続的にできて効果のある取り組みを模索し実行していくことが大切である」という未来展望型の情報整理となる。
　その反対に『B→A』という情報の順序にした場合は，「継続的にできて効果のある取り組みを模索し実行していくことが大切なことはわかっているが，温暖化を完全に食い止めることは現実的にむずかしい」という未来閉塞型の情報整理となる。
　だが子どもの学習を推進していくうえで大切なのは，未来に向けての志向をもつことである。これからの時代に向けて生きる子どもたちが，未来には夢も希望もないという結論づけをするということは，学校教育としては適当でない。やはり『AがあってBがいえる』という思考の順序のほうが適切だといえるであろう。

(3)　帰納的な導き出しをするとき，効果や説得性の高い順序で並び替える

　帰納的な導き出しとは，たとえば「①②③④のことから⑤ということがいえる」という流れをつくる過程をさしている。ただし①〜④のことから⑤がいえるのであれば，「①②③④」という順序でも「④③②①」という順序でもどちらでもよいということではない。やはりその配列にも，効果や説得性が大きくかかわると判断する。たとえば，次の観点で並び替えるとよいかもしれない。

① 地域などの身近な例から段々大きな範囲へと広がるように配列する。
② 小さなことから段々と大きなことへ広がるように配列する。
③ 具体的な事例から抽象的な内容へと移行するように配列する。
④ 影響力の比較的小さな事例から大きな事例へと移行するように配列する。
⑤ 理解が容易な事例から難解な事例へと移行するように配列する。

　では，実際にその情報の質に基づいて並び替えるとどのように整理されるか，具体例を用いながら説明していこう。

〈並び替えをする前の情報〉
　学区を流れる川の水質について正確に調べるために，まず化学的調査を行うこととした。最初にBOD（生物的酸素要求量）テストを行った。これは水中の微生物が有機物を分解するときに必要な酸素の量をはかるもので，数値が高いほど汚染がひどいことを示す。テストを実施した結果，多くの有機物が分解されているというとても高い数値を示しており，川の汚染の深刻さを物語っていた。つづいて，COD（化学的酸素要求量）テストを行った。これは酸化剤を使って有機物などを人工的に分解するときに必要な酸素の量をはかる方法で，やはりCODの値が大きいほど有機物による汚染がひどいことを示すものである。テストの結果こちらも高い数値を示し，川の汚れを完全に伝える結果となっていた。
　つづいて，市役所に川の汚れについて電話取材をしてみた。上流と下流ではその汚れにかなりのちがいがあるようだが，学区となる下流にはたくさんの生活排水が流れ込むということであった。また夏になると地域の方から悪臭についての相談が相次ぎ，市としてもその対応に困っているという内容のこたえであった。
　最後に，川辺に降りて臭いをかいでみた。すると何か腐ったようないやな臭いがした。また洗剤のようなものが流されたためであろうか，たくさんの泡が川の中に見られた。ゴミも川面に浮いている。ちょっと見ただけだが魚が泳いでいる様子もなく，飛来する鳥も1羽も発見できないという状況であった。
　このように，さまざまな方法で川の汚れを調査したところ，悪臭がして生物が住めないどころか，その汚れも普通の汚れのレベルを越えたものであることがわかった。

　帰納的な内容にはなっているが，並び替えの視点からすると，いきなりBODやCODを情報としてもってくるというのは，それを聞く側がやや消化不良を起こす危険性がある。そこで⑤の視点となる「理解が容易な事例から難解な事例へと移行するように配列する」ようにし，また①の視点となる「地域などの身近な例から段々大きな範囲へと広がるように配列する」ことを意識した並び替えを行うようにした。

〈並び替えをした後の情報〉
　学区を流れる川の汚れを調べるために，川辺に降りて臭いをかいでみた。すると何か腐ったようないやな臭いがした。また洗剤のようなものが流されたためであろうか，たくさんの泡が川の中に見られた。ゴミも川面に浮いている。ちょっと見ただけだが魚が泳いでいる様子もなく，飛来する鳥も1羽も発見できないという状況であった。

第4章　情報の整理

　　また，市役所に川の汚れについて電話取材をしてみた。上流と下流ではその汚れにかなりのちがいがあるようだが，学区となる下流にはたくさんの生活排水が流れ込むということであった。また夏になると地域の方から悪臭についての相談が相次ぎ，市としてもその対応に困っているという内容のこたえであった。
　　川の水質について正確に調べるために，化学的調査も行うこととした。最初にBOD（生物的酸素要求量）テストを行った。これは水中の微生物が有機物を分解するときに必要な酸素の量をはかるもので，数値が高いほど汚染がひどいことを示す。テストを実施した結果，多くの有機物が分解されているというとても高い数値を示しており，川の汚染の深刻さを物語っていた。つづいて，COD（化学的酸素要求量）テストを行った。これは酸化剤を使って有機物などを人工的に分解するときに必要な酸素の量をはかる方法で，やはりCODの値が大きいほど有機物による汚染がひどいことを示すものである。テストの結果こちらも高い数値を示し，川の汚れを完全に伝える結果となっていた。
　　このように，さまざまな方法で川の汚れを調査したところ，悪臭がして生物が住めないどころか，その汚れも普通の汚れのレベルを越えたものであることがわかった。

　並び替えの視点を整理すると，BODやCODなど難解な用語が出てくる事例については，証拠として集めた3つの情報中で最後に登場させることとした。「自分の目や鼻で調べた情報」と「市役所に取材した情報」とでは，やはり公的機関をとおして調べたほうがより調査の方法が広がっていると判断し2番目とした。もっとも身近で自分たちの力だけで調査した内容については，最初にもってくることで並び替えを終えた。

(4)　「小→大，身近→広域，具体的→抽象的，平易→難解」などといった視点で並び替える

　この視点は，(3)の帰納的な導き出しをするさいの，並び替えの観点をそのまま示したものである。こうした配列の仕方は帰納的な導き出しでなくとも，日常的に使うものである。つぎに具体例として，「具体的で平易な内容→具体的でやや難解な内容→抽象的な内容」で配列された情報について提示していこう。読んでいてスムーズな流れとして感じられることだろう。

> 〈国語を得意にするためには…〉
>   A君に取材すると，効果的な国語の勉強方法は，まず読書量を増やすということであった。それも1回だけでなく，同じ本を2回読み，2回目に何を感じたかということが最も大切な部分だと言っていた。読み終わったあとには必ず簡単な感想を書き，その感想の書き方が上達したと実感したときには，自然と国語の力がついているということであった。
>   Bさんに同様な質問をしたら，言葉の意味を正確に理解することが，国語の力を上げるコツだと言っていた。辞書的な意味を調べるだけでなく，文や文章のなかでどのように使われているかを分析し，日常の生活でも極力自分から使ってみる機会をつくることも重要だと言っていた。語彙が豊かになれば，自然と相手の言っている意味や感情の機微まで理解できるようになり，国語だけでなく人生も潤うということであった。
>   高校生の兄に取材すると，国語を得意にするには，言語を通じて自らの生き方を検証していくような姿勢をもつことだと言っていた。教科書に載っている物語などは虚構であり，虚構であるがゆえに自らを作品のなかに投影させていくことが可能になるということであった。日々自らの生き方を考える習慣がついていれば，虚構のなかに生きることもそうむずかしいことではないという話をしていた。

　いきなり抽象的な内容をもってくると拒否感をもってしまいがちだが，こうして段階をおって情報が提供されると，むずかしそうな高校生の兄の情報も半分程度は理解できそうな気持ちになる。大切なのは，情報は最終的には伝達される運命をもつという現実を知ることであり，そのためには効果的に配列されているほうが伝わりやすく説得性が上がるということを，揺るぎない事実として認識しておくことである。そうすれば，そのほかの「処理」や「創造」の過程でも，効率的に情報が活用されるはずである。

(5)　ねらいや対象によって，意図的に順序を並び替える

　整理された情報も，最終的には伝達されることがゴールである。伝達には「こういう理由で伝えたい」というねらいと，「こういう相手に伝えたい」という対象が存在する。ねらいが明確でなく，また誰に伝えようとも思わないような学習は成立しないはずである。

通常の場合は，前述したように，(1)〜(4)の視点での並び替えが適当だと考える。まず，子どもがどのように学習を進めるかといった学習者主体の考え方が基本だからである。しかしそのなかでも，どうしても「ねらいや対象の特殊性」に対する考慮が必要な場合は，あえてその視点で並び替えることも考えられないことはない。

たとえば，「地域の美化」について調べた子どもが，地域の人々を前に美化の状況について発表する機会を得たとする。本来であれば，身近なことから考えて，段々とその調査の範囲を地域へと広げていくのが一般的な順序立てであろうが，ここに「地域の人々が学習成果を聞きに来る」という特殊性が加わったとしたら，どうであろうか。

「(A) 校内の美化の状況」→「(B) 学校周辺のゴミのポイ捨ての調査」→「(C) 学区にある公園のゴミのポイ捨ての調査」という順序で文章の流れを考えていたとしても，冒頭から地域の人々に強いインパクトを与えたいと思い，文章の流れを変更しようという意志がはたらくかもしれない。すると「(A) → (B) → (C)」という配列が，「(C) → (B) → (A)」となる可能性も出てくる。

「(A) → (B) → (C)」という流れで配列した場合，まず身近な校内の美化状況を調査し，その後学校周辺のゴミのポイ捨て状況を調べることで，次のような仮説が立てられるのではないか。たとえば，「地域の公園でも同様のゴミのポイ捨てが多いのではないか…」といった類の仮説である。そうして立てた仮説を検証するために，実際に地域に出て公園の美化状況を調査するという流れをもった情報の整理となるのである。

だが，取った行動が「(A) → (B) → (C)」という流れでも，情報の配列を「(C) → (B) → (A)」とすると，大きく意味が異なる。地域の状況を最初から前面に出してインパクトを与え，その後学校周辺や学校内についても地域と同様の結果であったと，身近な場面に戻った話をするという流れになる。つまり，「学校内で起こるような傾向は地域に出ても見られる」といった「(A) → (B) → (C)」という流れから，「地域の実態を調査・検証することにより

学校内の状況も同じ視点で見ていく」という，場合によっては自己の内面にまで迫るかたちとなっていくのだ。

　このように，ねらいや対象によって順序を変えるようなときは，主張までも変えてしまう可能性があるので，並び替える判断をするさいにはそうした現実をきちんと知ってから行うべきである。

　ここまで，並び替えの視点として考える5点について説明してきた。だが，すべての情報について並びかえが必要だということではない。普通に学習のねらいを考え，必要な情報を収集・選択してくれば，ある程度必要な情報が必要な順序で集まってきているはずだからである。ではなぜ「並び替え」という活動が大切かというと，情報を整理する過程で行われる最後の学習活動だからである。この活動をとおして，きちんと情報が配列されているかをチェックし，だいたいの整理ができたという状況で，情報処理へとつなげていくのである。情報処理の過程とは，情報を取捨選択したり情報を整理したりする活動を終えて，揃えられた情報をどうプレゼンテーションするかという段階である。いつまでも目の前に揃えられた情報の信憑性を問うのではなく，集まった情報を信じてねらいに応じた処理をしていかなければ，学んだことを1つの主張として相手に伝えるにはいたらないであろう。

　いわば，並び替えの作業はフィルターの役割も果たしているのである。

# 第 5 章　情報の処理

　整理された情報といっても,「加工→分類→取捨選択→並び替え」という過程を経てきているだけで，まだ情報として相手に効果的に伝えるための手立てが施されていない。どうすれば調べたり体験したりしてわかったことを相手に伝えられるかというと，情報を受信する側の相手の立場に立って，たとえばどのような補助資料が必要でどのような文章化が適切かなど，プレゼンテーションの仕方を意識しながらまとめていくことである。このような情報活用の過程をとくに「情報処理」と呼び，ほとんど完成した状態をめざす段階となる。

　情報処理をするさいには，加工・分類・取捨選択され，ある一定の基準で並び替えられた情報を元に，次のような視点で吟味していくことが大切である。

## 1　伝達する対象に応じた情報処理

　伝達する相手が大人かまた小学校1年生のような子どもか，情報としての主張はさほど変わらなくても，その対象によっては表現の仕方などを大きく変えなければならない。また，あえて両者に伝えたいという場合は，通常の文章と簡単にした文章という2種類を準備しなくてはならない可能性もある。誰に伝えるのかがわからないというような場合は，その対象を事前に調査し，伝える対象と表現方法がかけ離れているといった事態は回避しなくてはならない。

## 2　伝達する目的や意図に応じた情報処理

　伝達される情報には，必ず学習者の目的や意図が存在するはずである。その目的や意図を伝えるためには，情報の信憑性・分類・配列なども当然大切であるが，同じようにどのような全体の構成にするかといった視点も忘れてはならない。構成の仕方については，さまざまな観点から分けるとすると，だいたい次のようなものとなる。

(1)　段落構成を意識して目的や意図を伝える
①『問題提起→本論→結論』という流れの情報処理
「○○について説明していこう」「○○ではないか」という問題提起をし，事実や証拠または具体例などを本論のなかで述べ，最後に問題提起のこたえを結論のなかで明らかにしていくという流れである。
　多くの情報処理のなかで活用される方法である。
②『問題提起→本論→問題提起→本論→結論』という流れの情報処理
「○○について説明していこう」「○○ではないか」という問題提起をし，事実や証拠または具体例などを本論のなかで述べるが，そのなかで新たな問題（課題）が発見されたとする。そこで発見された新たな問題に対して再度問題提起として課題を投げかけ，再び本論のなかで検証していくという流れである。この場合結論は，2つまたはそれ以上の問題提起に関するまとめをすることとなる。
③『問題提起→本論→結論→問題提起→本論→結論』という流れの情報処理
　上記の②のパターンのように，問題提起と本論をそれぞれ2度ずつ繰り返したあとに結論として1つにまとめるのは論点がぼやけると判断した場合には，『問題提起→本論→結論』という流れをそのまま2回またはそれ以上繰り返すという方法も考えられる。
④『結論（問題提起）→本論→まとめ』という流れの情報処理

たとえば，最初に「S川の水は生物がまったく住めないほど汚れている」という結論をいい，その後に本論として，「その証拠としては〜」という具体的事実を書いていく流れである。最後の「まとめ」はしてもしなくてもどちらでも構わない。

(2) 問題提起のあり方を工夫して目的や意図を伝える
　相手にいいたいことを伝えるためには，「このような課題意識をもった」という問題提起をしていくことが大切である。その問題提起も1つのパターンしか知らないのでは説得力がなく，いくつかのパターンを知っていてそのうえで本論（事実や証拠または具体例など）に合う問題提起の仕方をしていくほうが内容としては効果的である。では，具体的にどのような問題提起のパターンがあるのか，例示をしていこう。
① 内容の予告型の問題提起
　「これからこういうことを説明します」「○○について考えてみましょう」という予告をし，予告のあとに事実や証拠または具体例などを用いて説明・検証等をしていくというパターンである。情報を受信する側としては，何についての情報が入るかを知っているという安心感があり，問題提起の仕方としてはもっとも基本的な型である。
《問題提起の例》
- 「これから地球温暖化の原因をさぐり，明日からでも私たちの身の回りでできることを明らかにしていきましょう。」
- 「僕たちは学区を流れるS川の水の汚れについて調べました。そして次のようなことがわかったので，これから発表していきます。」

　またこのタイプの問題提起は，「全体に対して疑問を投げかける」ものと，「調査をして解決した部分を明確にし，それでもわからない部分について提示する」といった部分的なものとがある。具体例を下記に示そう。
〈全体に対して投げかけるタイプ〉　　たとえば，S川の汚れを調べることを学習課題とした子どもがいたとする。汚れの原因を全般的に調査したいという

場合は,「S川はなぜ汚いのだろう。これからその原因をさぐっていこう。」などの問題提起になるであろう。

〈ある部分に対して投げかけるタイプ〉　同様にある子どもがS川の汚れについて調べたとする。家庭用排水や工場排水の流入,河岸工事によるコンクリートの堤防づくり等が原因としてわかったが,それでも汚染されていないはずの上流の水も若干汚れていることに気づいた。この子は汚れていないはずの上流の水の汚染を問題視し,それを学習課題として提起することも考えられる。

「僕はS川の汚れをテーマに学習して来ました。僕たちの地域はちょうどS川の中流に位置しますが,とても汚れていることに気づきました。原因をさぐってみると,家庭用排水や工場排水が流れ込んでいることが第1の原因でした。毎日何十トンという排水が流れ込み,水を汚してしまっているのです。また工事で川岸をコンクリートにしました。土がないために,土が汚れを浄化するという作用もはたらかない状態です。つぎに上流の水と比べて,どのくらい中流の水が汚れているのかを明らかにしようと思いました。川の水源となる場所に行って水を取ってきたのですが,そこで大変なことに気がつきました。その水源も若干ですが汚れているのです。そうすると,S川の水は最初からなんらかの原因で汚れていることになります。それはなんでしょうか。これからさぐってみることにしました」。

たとえば,このような出だしとなる可能性もある。全体的に問題提起する方法と比べてよいのは,いくつかの検証をしてきてすでに論点が明確になっていることである。情報を受信する側も興味津々となる導入である。

② 仮説設定型の問題提起

藤川吉美はその著書『判断の論理学』において,仮説のあり方について次のように述べている。「仮説（hypothesis）とは,観察や実験等によって確証が進められている仮の理論である。仮説の要件は次の3つである。① 経験的・実証的な根拠があること。② すでに検証（確証）済みの言明を含むこと。③ そこから演繹された結論が真であること。世界について語るいかなる科学的な理論も,最初のうちは仮説であるが,演繹と実験とを繰り返し,十分な証拠体

系が整ったとき，仮説は理論となる[40]」。

　総合的な学習の時間に，科学的な題材を使って，観察・実験等を重ねながら理論を導き出していくというパターンはよく使われる。子どもの推進していく学習であるため，上記の3つの要件を完全に満たすほど厳密である必要はないが，「多くの証拠をはじめとする根拠」があり，その根拠が「ある程度の確証をもてる」ものであり，なおかつ，理論に結びつけていくための論証が「勘でなく簡単な演繹や帰納等の道筋をたどっている」ものであれば，こうした仮説設定型の問題提起の仕方は適していると考える。

　仮説設定の仕方は，「1．きっとこうなるだろう」という型と，逆に「2．こうはならないだろう」という型がある。一般的には前者のほうがよく使われるが，後者の型については提起の仕方に意外性があり，相手の興味・関心をひくという利点も考えられる。

《問題提起の例》

1．「S川の周りに家があまり建っていないのは，昔S川が氾濫したので，それを心配する人々が川の近くをいやがるためではないかという仮説を立てた。そこでその仮説が正しいのかどうか，S川の近くに住む人々に取材をしようと思う。」

2．「このクラスには目が悪い人が多いが，もしも普段の遊びを外遊び中心にしていれば，これほど目が悪い人が増えていなかったのではないかという仮説を立てた。そこで，まず目の悪い人が本当に外遊びをあまりしていないのかどうか調査することにした。」

　→調査の結果によっては，また新たな問題を提起することが必要である。

③ 見解のちがう複数の意見提示型の問題提起

「S川の水をきれいにする効果的な方法としては，Aという方法とBという方法とがあるが，どちらの方法がよりきれいになるのであろうか。これからAB それぞれの長所・短所を明示しながら，より適切な方法を選択していこう。」

　このような問題提起があった場合，事実や具体例を出しながら，どちらがどのように優れ，またどのような問題点があるのかを提示していくこととなる。

最終的な結論は明確である。AならばAが，BならばBが優れているというゴールしかないのである。

　見解のちがう複数の意見を提示するタイプの問題提起は，このように論点をしぼりやすいという特徴をもつ。情報を受信する側としては，最終的な結論は「AまたはB」であるから，全体像を見ながらじっくりと考えることもできるのである。

　しかし，それほど数の多くない複数の意見が提示されているからこそ，次のような条件がクリアされていなければならない。
- 両者を比較する観点が明確であること。
- それぞれの観点に対する事実や具体例等がAとBともに含まれていること。
- たとえばAとBというように意見をしぼっているがゆえに，ともに多岐にわたった量的にも膨大な情報を有していること。
- AとBいずれの意見が優れているか一目瞭然に判断できるほど，両者の意見のどちらにも圧倒的な有利性がないこと。

④　見解の類似する複数の意見提示型の問題提起

「地域の公園をきれいにする方法を調べていったところ，市役所の緑地課ではAという意見を，地域の方々に取材した結果ではBという意見を，同様の課題で調べている近隣の同級生にはCという意見をもらった。この3つの意見を総合して判断したところ，Dという方策が一致していることが判明した（以後Dプランに対する検証をしていく）」。

　このような内容構成を行う場合は，Dプランが出てきた段階で，すでに問題提起がされ，つづいてその検証がされていくことがだいたい予想できる。つまり，情報を受信する側が発信者の主張を理解しながら聞いていくことができるわけだ。このタイプの問題提起を行う場合は，次のような条件がクリアされていなくてはならない。
- 提示された複数の意見に共通する視点があり，またその視点が学習を進めていく際に課題解決の根幹となる切り口であること。

第5章　情報の処理

- たとえば，複数の意見から共通する視点として抽出されたDというプランが，課題を解決する大きな視点として位置していること。
- たとえば，問題提起の根拠となるABCという意見が私見ではなく，根拠に基づいた信憑性の高い意見であること。

⑤ 資料提示型の問題提起

　とくに言葉にして問題提起をしなくても，資料を提示しただけで「明らかにこのことをいいたいとわかる」という場合は，資料提示型の問題提起をすることも考えられる。言葉や文章にして説明するよりも，強いメッセージが伝わる可能性もあるだろう。ただ，その際には誤ったメッセージが伝わらないように，資料の内容や提示の仕方に配慮する必要が出てくる。

　たとえば，S川の汚れについて訴えたい子どもがいたとする。汚染の現状について情報発信する子どもは，次のような内容で伝えようとするであろう。

　「僕たちの学区をS川が流れていますが，その汚れについてはとてもひどいものがあります。各家庭から出る排水は，じかにS川に流されています。洗剤やシャンプーなども流れ込むため，排水口の付近は常に泡が立っている状態です。また河岸工事の結果，川岸をすべてコンクリートにしてしまったため，土の力で汚れを浄化することもできません。近くの工場からも工業廃水が流されています。その量は1日に数トンという単位で，夏の暑い日には多くの魚がそこで死んでいるのが発見されました。S川の汚れがこれ以上進まないようにするためには，今後どのような対策をとっていったらよいのでしょうか」。

　これを文章や口頭による発表とせずに，資料として提示すると次のようになるであろう。

---

「皆さん，見てください。これが今のS川の汚れの実態です。」
その後S川の汚れの様子が分かる資料を提示する。
　〈資料1〉家庭用排水が川に流れ込む排水口の写真
　〈資料2〉河岸工事の結果コンクリートとなった川岸とほかの河川とを
　　　　　比較した写真

> 〈資料3〉工業廃水の流れる様子と死んだ魚が写っている写真
> 「こうした汚れの現状を解決するには，どのような方法を取っていけばよいのでしょうか？」

### (3) 本論のあり方を工夫して目的や意図を伝える

　本論は，情報発信者の主張が効果的にそして正確に，相手に伝わりやすいものでなくてはならない。相手にわかりやすく伝えるための重要な要素として，「情報の整理」のなかの「順序の並び替え」で記述したとおり，「（1）時間的な順序で並び替える，（2）「こう考えたから次はこう考える」といった思考の順序で並び替える，（3）帰納的な導き出しをするとき，効果性や説得性の高い順序で並び替える，（4）「小→大，身近→広域，具体的→抽象的，平易→難解」などといった視点で並び替える，（5）ねらいや対象によって，意図的に順序を並び替える。」といういずれかの視点で並び替えられた情報を，そのままの順序で文章に起こしていくという情報処理の方法が一般的である。すでに整理された情報なので，矛盾点なども少なく，論理的な文章になっているはずだからである。

　ただし，並び替えた情報をそのままつなぎ合わせただけでは，情報処理が正確に行われたとしても効果的に行われたとはいいきれない。なぜなら，それぞれの情報では何をいっているかがわかっても，異質な情報同士がどのようにかかわり合っているかが不明確なままでは，主張としての全体像がはっきりと見えてこないからである。情報の関連性について山祐嗣はその著書『情報処理の心理学』のなかで次のように指摘している。

　「私たちが日常接する概念は，普通，いろいろな属性の連言や選言からなっているのではなく，属性間の特徴からなっていることが多い。たとえば，「時計」は文字盤と長短針の連言ではなく，長短針が文字盤の上にあってそれを指すという関係で概念が成立している[41]」。

　これを総合的な学習の情報処理に当てはめて考えてみると，それぞれの情報

にある属性を知っただけでは，事実を情報として羅列したにすぎないということになる。最終的に結論というかたちで相手にメッセージを伝えるためには，各情報が有している属性を結びつける作業が必要となってくる。そのためにはただ一定の順序で並び替えるというだけでなく，属性間の特徴を情報の受信者がキャッチできるような環境を整えることが肝要であろう。具体的な環境設定の仕方としては，下記のような方法が考えられる。

① グラフや表を用いて属性間の特徴を明確にする

グラフ化の効用について，波頭亮は「データの束が何を意味しているかを容易に理解できるようにしてくれるだけでなく，論理展開の端緒となるようなメッセージの鍵を与えてくれるという大きな効果もある[42]」と指摘している。表についても同様な効果があろう。グラフや表を効果的に用いるということは，データの束という事実が情報間の関連性を伝え，論理展開をしていくさいに思考のヒントとなっていくことにつながるのである。

たとえば，川の汚染調査を課題とした子どもがいて，実際の汚れの実態について，次の3つの方法で調べたとする。

---

〈上流から下流にかけて全10箇所の水質を調査する〉

1．BOD（生物的酸素要求量）テストの実施→水中の微生物が有機物を分解するときに必要な酸素の量をはかるもので，数値が高いほど汚染がひどいことを示す。

2．COD（化学的酸素要求量）テストの実施→酸化剤を使って有機物などを人工的に分解するときに必要な酸素の量をはかる方法で，やはりCODの値が大きいほど有機物による汚染がひどいことを示す。

3．全10箇所ごとのゴミの捨てられている量を調査

---

この調査の分析結果を出したとしても，なかなか情報相互の関連性を明確にすることはむずかしい。実際に次のような情報を聞いたとしても，なかなか具体的なイメージに結びつけることは困難であろう。

川の汚れを知るために，最初にBOD（生物的酸素要求量）テストというものを行いました。これは水中の微生物が有機物を分解するときに必要な酸素の量をはかるもので，数値が高いほど汚染がひどいことを示すものです。上流から下流にかけて全10箇所について調べました。上流では3箇所を調べましたが，それぞれ"1.2，1.3，1.2"という数値でした。つづいて，中流についても3箇所で調査しましたが，"2.2，2.1，2.3"という数値でした。下流で調べた4箇所の数値は"3.9，4.0，4.1，4.1"という結果でした。この数値は5を最高としてそれに近いほど汚れていることを示しているので，下流に行くにつれて汚れていくことがわかります。

　つづいて，COD（化学的酸素要求量）テストを実施しました。これは酸化剤を使って有機物などを人工的に分解するときに必要な酸素の量をはかる方法で，やはりCODの値が大きいほど有機物による汚染がひどいことを示しています。同じく上流では3箇所について調べてみましたが，それぞれ"1.0，1.1，1.1"という数値でした。中流についても調査しましたが，"2.4，2.3，2.4"という数値でした。下流で調べた4箇所の数値は"4.0，4.0，4.0，4.0"という結果でした。この数値もやはり5を最高としてそれに近いほど汚れていることを示しているので，下流に行くにつれて汚れていくことがわかりました。

　ゴミの量についても，10箇所でその数を調べました。実際にすべてのゴミの重さを量るのは無理なので，数量として表すことにしたのです。まず上流のチェックポイント3箇所での落ちているゴミの数は（後略）。

　こうした羅列されただけの情報でも，図5のようにグラフ化することにより，属性間の特徴が明らかになってくる。

図5　BOD値，COD値，ゴミの量の推移

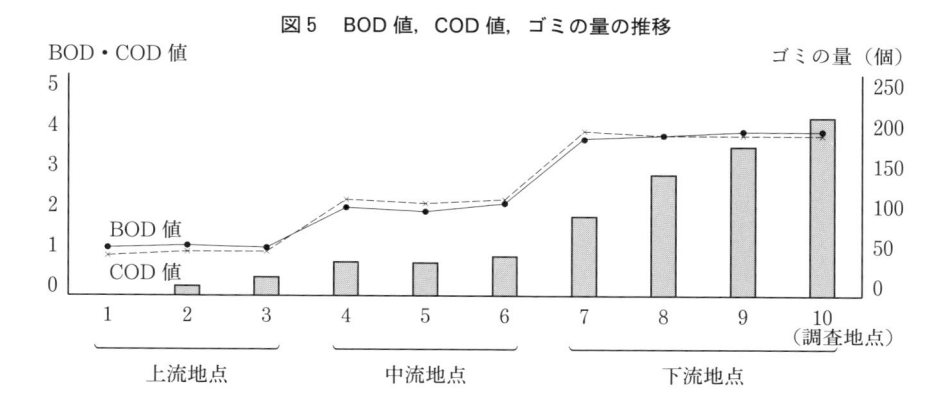

　この図のようにBOD値，COD値，ゴミの量の推移という3つの情報を1つのグラフのなかに入れることで，個別の情報だけでは得られない属性間の特徴が明らかになってくる。たとえば，「BOD値やCOD値とゴミの量とはだいたい比例関係にある」「ある地点ではBOD値とCOD値とが一致していない。それは〇〇という理由からではないか」「中流地点5だけ急に水質がきれいになっている。それは〇〇という理由からではないか」など，属性間の特徴が一目瞭然にわかる。

② 具体物を提示することで属性間の特徴を明確にする

　音声表現として聞いていたり文章表現として見たりしているだけでは，具体的にそのものの本質をイメージしにくいことがある。すべての場面でする必要はないが，イメージ化がどうしても必要だと考えられる場面では，具体物を提示することで属性間の特徴がより明らかになることもある。学習する対象を正確に理解していないようでは，そのものの属性を理解することはむずかしく，必然的に属性間の特徴の把握までにはいたらないからである。

　さて，総合的な学習の時間に行う具体物の提示とは，いったいどのような類のものであろうか。前述の『川の上流・中流・下流の水質調査』を例にとって，どんな具体物を入れていけば属性間の特徴を把握する手助けになるかを説明していこう。

BODテスト，CODテスト，ゴミの量の数値化をとおして，「川の上流・中流・下流の水質のちがい」について説明してきた。しかし，それぞれの地点での汚れの程度を調べたといっても，情報を受信する側にとっては実感のもてないものばかりである。2つのテストについては，データが出たとしても，そこから川の汚れについて具体的なイメージをもつことはむずかしいと考えられる。ゴミの量を数値化したといっても，実際にその様子を見たわけでもない。そこで，ここでは次の3つの具体物を提示することを考えた。五感を活用し，より具体的なイメージをもったり体験したりすることで，主体的に属性間の特徴に気づくということが予想されるからである。

《①上流・中流・下流で採取した水を提示する》

　この3箇所で採取した水を情報の受信者に提示することを考える。まず目で見て（視覚）濁り具合を判断してもらうのである。つぎに，それぞれの水を嗅いでもらう（嗅覚）ようにする。今まで一方的に情報を受信していた側が，ここで初めて学習参加し，一時的にでも情報を処理する側に回るのである。一部にしろ自分から情報に対して主体的に向き合うという経験は，受信するだけであったほかの情報に対しても主体性を高める。

《②ゴミのポイ捨ての写真を提示する》

　3箇所のちがいを如実に物語るような写真を提示する（視覚）のである。ゴミの数値的な量をいうだけではイメージできなくても，実際の様子を伝える写真は実感を深めるはずである。その写真を見ることで「ゴミのポイ捨ては許せない」という感情をもったとき，ゴミの数値に対しても今まで以上に主体的に向き合い，ある程度具体的なイメージをもつことは必至である。

《③環境被害で奇形した魚の提示》

　環境ホルモンの影響などで，奇形となってしまった魚を冒頭で提示す

> る（視覚）としたら，情報を受ける相手に強い衝撃を与えることになるだろう。「魚をこんな姿にしてしまうなんて許せない」「自分たちもいずれそうなるのではないか」といった不安や怒りが表出されることは容易に想像がつく。上流・中流・下流のどこで発見されたかという問題が提起され，最初から下流という答えがわかっていたとしても，話の聞き方は想像以上の真剣さを見せるはずである。また，この具体物の提示が，「二度とこのような事態を起こしてはいけない」という感情に徐々に変わり，それが情報同士の属性間の特徴を明確にしようという意欲へと発展していくことだろう。

ただし具体物の提示に関しては，相手が驚くことを主に考えるのではなく，あくまでも「全体の主張を伝えるために必要な資料」として位置づけることが大切である。そうでないと，その驚きの余韻が属性間の特徴に気づくことを阻害する結果となる恐れがある。

③ キーワードを意識して属性間の特徴を明確にする

キーワードに気をつけて文章を考えるということは，全体を通じて発信者の情報に一体性をもたせるということである。情報処理の過程は情報伝達の過程につながるということを考えれば，相手の理解しやすいように処理するということは自明の理である。

さて，前述の「3つの視点から見た川の汚れの調査」の文章を元にして考えると，「属性間の特徴」を知るというねらいから見たとき，キーワードとなるのは「BOD」でも「COD」でも「ゴミの量」という言葉でもない。なぜならここでの学習のねらいが，「上流・中流・下流の水質やゴミの量を調べることで川の汚れの原因を追究する」というものだからである。したがって，ここでは「ちがい」と「原因」という言葉に焦点を当てていく必要がある。

> 川の汚れの実態とその原因を知るために，川の上流・中流・下流の水質を明らかにしていくことで，なぜそうしたちがいが出てきたのかを明らか

にしていこうと思います。

　そのための方法として，次の3つの調査を実施しました。まず，BOD（生物的酸素要求量）テストについて説明します。これは水中の微生物が有機物を分解するときに必要な酸素の量をはかるもので，数値が高いほど汚染がひどいことを示すものです。つづいて，COD（化学的酸素要求量）テストについても説明します。これは酸化剤を使って有機物などを人工的に分解するときに必要な酸素の量をはかる方法で，やはりCODの値が大きいほど有機物による汚染がひどいことを示しています。最後にゴミの量について調べた方法をいいます。実際にすべてのゴミの重さを量るのは無理なので，数量として表すことにしました。

　上流・中流・下流での水質や河岸の汚れのちがいは，すべての調査から明らかになりました。BOD値について見てみると，上流の3箇所では"1.2，1.3，1.2"となっていたのに対して，中流では"2.2，2.1，2.3"に，さらに下流では"3.9，4.0，4.1，4.1"となっていたのです。COD値についても，上流の"1.0，1.1，1.1"という数値に対して，中流では"2.4，2.3，2.4"，下流になると"4.0，4.0，4.0，4.0"となっていたのです。

　ゴミの量についてもそれぞれの場所ごとにちがいが出ていました。まず，ゴミの量が下流になれば多いことは，その理由が明白です。それはゴミを捨てる人が多くなるということです。下流に行くほど水質が悪化することも，理由は明らかです。BODテストの結果，下流に行くほど数値が高くなっているので，川の水のなかに有機物が多く含まれていることを表しているのです。また，CODテストの結果からも下流に行くほど有機物が増えているということがわかりました。

　有機物というのは多くが人の手で流されることを考えると，川の汚れの原因としてすべて人間がかかわっているということがわかるのです。

④ 属性間の特徴を明確にする構成にする

相手にいいたいことを伝えるためには，文章等の形式ですでに伝達する原稿

が用意してあることが前提となる。行き当たりばったりで伝えようとしても，瞬時に属性間の特徴を明確にすることは至難の業であり，話の構成が整えられないまま相手に伝えることとなってしまうからである。したがって，話全体を構成する元となる文や文章相互の関係を明示する必要があり，その結果，属性間の特徴が情報の受信者にもよく理解できるという結果になるであろう。

　野矢茂樹は，情報同士の接続関係について，「大別して順接と逆接に区分できる[43]」としている。

　順接の接続構造について，野矢は次のように指摘している。「もっとも単純な順接の構造は，順に主張を付加していくものである。しかし，一般的に言って，たんに主張を次々と付け加えていくだけでは議論にはならない。「何を言っているのか」をさらに敷衍したり具体例を挙げたりして解説すること，そして「なぜそう言えるのか」を根拠づけることが必要となる。すなわち，順接の議論の構造とは，**主張すること・解説すること・論証すること，そして主張を付け加えること**より成り立っているのである。そこで，こうした構造を，「付加」，「解説」，「論証」，「例示」という項目に分類[44]」し，その構造を知ったうえで使うことが大切だといっている。何事にも目的や意図が明確でないと確実に相手に伝わらないからである。

　それでは，次に具体的な「付加」「解説」「論証」「例示」の定義をし，どのように属性間の特徴を明確にしているのか，具体例を用いながら説明していこう。

　（ⅰ）順接による接続関係

　（ａ）付加による属性間の特徴の明確化

　野矢によると，「付加は主張を付け加える接続関係である。典型的には「そして」で表されるが，付加は論理的にはもっとも弱い接続関係であるから，しばしば明示的な接続表現が省略されることになる[45]」として，「しかも」や「むしろ」という表現を例示している。それではこうした表現を使った場合，どのような属性間の特徴を示すようになるだろうか。具体例を用いながら，説明していこう。

> 　川の汚染を調べたところ，中流ではかなり汚れているというデータが出ていた。しかもその結果を市役所に照会してみると，年々汚れのデータ示す数値が上がっているということであった。ここまでひどい状況になると，地域の人々はここまでとは知らなかったというより，むしろ気がつかない振りをしていたといったほうが適切であろう。

　まず，最初に「しかも」の使われ方について見てみると，「中流ではかなり汚れている」という結果を強調しながらも，さらに「この状況は年々悪化している」という事実を付加している。また「むしろ」を使うことで，「地域の人々はここまでとは知らなかった」という予想に対して，さらに「気がつかない振りをしていたのではないか」という予想を付加している。

　このように付加的な接続語を使うか，接続語を使っていなかったとしても情報相互の関係が付加的な要素をもっている場合には，それぞれの情報を強調しあうという効果をもたらす。つまり互いの情報をより強固なものにするという属性間の特徴を示すことで，情報の受信者に対して強いメッセージを送るという結果になるのだ。したがって情報の発信者は，「ここで相手に伝える情報を強調したいから複数の情報を付加的な接続関係で結ぶ」という意図をもって，情報処理していくことが重要になってくる。

（b）解説による属性間の特徴の明確化

　「解説とは，「すなわち」，「つまり」，「言い換えれば」，「要約すれば」といった接続表現で典型的に表される接続関係である[46]」とあるように，前の表現をわかりやすく説明したり言い換えてみたりする役割をもっている。Aという主張があり，さらにBという主張でAを解説するということは，Aという主張がとても大切で確実に相手に理解してほしいという願いが含まれていることを意味する。つまり解説という接続関係にある属性間の特徴としては，情報の発信者が情報の重要性や信憑性等を強調したいがために補完関係を構築していることがあげられる。

　この「解説」の接続関係を使うことにより，文章全体のなかでどのような効

果を及ぼすかを具体例を用いて説明していこう。

> 　川の下流の水質を調べたところ，BOD 値も COD 値も 4 を超える数値を表していた。つまりこれは川の汚染が相当進み，水生生物が生活するためには適さないということを示している。実際に肉眼で泳いでいる魚を観察したところ，ほとんど見つけることができなかった。近所の人に取材しても，「この川は臭いがきつくて，魚が住めるような環境ではないと思う」ということであった。この川の特徴を要約すれば，生き物が暮らすことのできない"死の川"になっているということである。

この文章を見ると，最初に「つまり」という言葉を使って「BOD 値や COD 値が 4 を超えている意味」をあとの文で解説している。また「要約すれば」という言葉を使って，文章全体を総括しているのである。さらに総括している文のなかで使っている"死の川"という激しいいい方によって，この川がいかに汚れているかを訴えているのである。明文化はしていないが，「解説」の働きをもつ表現を使うことで，川をそこまで汚染してしまった無秩序な人間の振る舞いについても警告や怒りの念を発するという効果を生んでいることも事実であろう。

　（c）論証による属性間の特徴の明確化

　野矢は論証について，「論証の接続関係とは，理由と帰結の関係である。理由を示す典型的な接続表現としては「なぜなら」，「というのも」，「その理由は」などがあり，帰結を導くものとしては「それゆえ」，「したがって」，「だから」，「つまり」，「結論として」などがある。あるいはまた，接続助詞「ので」や「から」も理由－帰結関係を表すために用いられる[47]」といっている。

> 　川の下流の水質を調べたところ，BOD 値も COD 値も 4 を超える数値を表していた。なぜなら，家庭用排水や工業廃水など，たくさんの汚染の原因となる有機物が川に注ぎ込まれているからである。したがって，水生生物が生活するためには適さない環境であることがわかる。実際に肉眼で

> 泳いでいる魚を観察したところ，ほとんど見つけることができなかった。

　この例文から見てみると，「なぜなら」という表現でBOD値もCOD値も4を超える理由を，そのあとの文で示している。また「したがって」という表現では，汚染の原因となる有機物が川に注ぎ込みBOD値やCOD値が上がったことで引き起こした結果を，その後の文で述べている。これらの接続関係は，「○○は○○だからである」「○○の結果○○のようになってしまった」という情報相互の関係（属性間の特徴）を明確に表しているのである。この例文を見ても，論証されていく過程がよくわかるであろう。
（d）例示による属性間の特徴の明確化
　例示は，「典型的には「たとえば」で表される接続関係であり，具体的による解説ないし論証としての構造を持つ[48]」ものとされている。では実際に例示をする場合，情報全体にどのような効果を与えていくかを見てみよう。

> 　川の下流の水質を調べたところ，たとえばBOD値もCOD値も4を超える数値を表していた。なぜなら，家庭用排水や工業廃水など，たくさんの汚染の原因となる有機物が川に注ぎ込まれているからである。したがって，水生生物が生活するためには適さない環境であることがわかる。実際に肉眼で泳いでいる魚を観察したところ，ほとんど見つけることができなかった。たとえばBOD値やCOD値が2以下であれば，このような事態にはなっていないであろう。

　最初の「たとえば」は，一例をあげ，実はもっとほかにも川の汚染を明示する材料はあるということを暗示している。後者の「たとえば」は，「もしも○○であったならば○○にはなっていなかったであろう」と，仮説設定ともいえる働きをなしている。それぞれ，多くの例から一例をあげるという意味と，ほかの例を引用することで現在の状況と比較するという意味があるのである。
　また例示には，上記のような属性間の特徴だけでなく，主張を強調するという特徴も併せてもっている。ここで主張したいことは，「生物が住めないほど

川が汚れている」という事実である。2つの「たとえば」は，川の汚れを強調する役割も果たしているのである。

（ⅱ）逆説による接続関係

順接の接続関係に対して，逆説の接続関係について，野矢は「議論の流れを変えるような接続構造[49]」ととらえ，「転換，制限，対比，譲歩[50]」という4つの側面から見ている。それぞれの具体的な意味や用法については，下記のとおりである。

（a）転換による属性間の特徴の明確化

「一般に，「AだがB」「A，しかしB」といった表現において，多くの場合に（すべての場合ではない）Bの方に言いたいことがくる。そこで，このような接続関係，すなわち，まず主張Aが提示され，その後でそれと対立する主張Bに乗り換わるような接続関係を「転換」と呼び[51]」，対立のあり方や立場のちがいなどを明確にしている。

> S川は見た目にはきれいだが，BODテストやCODテストの結果，実はとても汚染されているということがわかった。P川は見た目にはとても汚れているように感じる。しかし同テストを実施したところ，とてもきれいな水質だということがわかった。このように見た目だけでは水質を判断できないということは1つの驚きである。

ここでいいたいことは，「S川は汚染されている」という事実と，「P川はきれいである」という事実である。S川が汚染されている事実を詳しく説明するために「だが」という転換の接続表現を使い，P川がきれいであるという事実を細くするために「しかし」という転換の言葉を使ったのである。つまり，転換の表現を活用することにより，それぞれの水質を結論づけるためには見た目ではわからないという前提をおいたのである。こうして相反する情報を転換でつなぐことにより，属性間の特徴は明らかになっている。

（b）制限による属性間の特徴の明確化

制限による逆説の論理について野矢は，「「うまいが，高い」の場合は「高い」

の方に主張があるが,「うまい。ただし,高い」の場合はあくまでも「うまい」の方に主張があり,「高い」はそれを補足的に制限するにすぎない。いわゆる「ただし書き」である。そこで,このような接続関係を「制限」と呼ぶ。(中略)制限の接続関係を表す接続表現としては,ほかにも「もっとも」などがある[52]」と説明している。

> 地域にある3つの公園の美化について調べてみた。A公園にはゴミがたくさん放置してあり,とくにタバコのポイ捨てゴミが多いのが気になった。ゴミ箱が設置されていないことが原因の1つとなっていると考えた。B公園にはゴミ箱が設置されているが,それでもゴミ箱のまわりは入らないゴミであふれ,ゴミ箱以外の場所にもポイ捨てされたゴミが散乱していた。C公園にはゴミがほとんどなかった。もっともこれは毎朝老人会のボランティアさんがきれいに拾うからだということがわかり,ゴミのポイ捨てがないとはいいきれなかった。

ここでは,C公園について,結果的には「ゴミがほとんどない」と指摘している。しかし「もっとも」という表現を使い,老人会のボランティアさんが毎朝きれいにするからだという事実をただし書きすることにより,C公園のゴミの少ない状況に制限を加えている。その結果,A公園〜C公園のすべてにゴミのポイ捨てがあり,「そのままにしておいてきれいな公園など存在しない」「人間がゴミを出すことにより汚している」という事実を訴えるという,属性間の特徴を明確にすることとなっているのである。

(c) 譲歩による属性間の特徴の明確化

譲歩については,次のようにとらえることができるであろう。「譲歩は転換の一種とみることができる。たんなる転換と譲歩の差は微妙であり,それほどこだわらなくともよいだろう。だが,ひとつの違いを述べておくならば,譲歩の場合には対話的構造が現れてくるということが言える。たとえば,「たしかにこの店はうまい。だけど高すぎる」のように言うとき,「この店はうまい。しかし高すぎる」と言う場合とは違って,そこで譲歩している相手が想定され

てくる。つまり、「この店はうまい」と主張している相手がおり、それに対していったん屈する。屈したかにみえて、その後で本音を言う。これが、譲歩の接続構造が基本的に持つ対話的構造なのである(53)」。

> 　たしかに、一人の力では、地域をゴミのないきれいな環境にすることはむずかしいだろう。しかしだからといって誰も何もしないのでは、美化活動などどこからも始まらない。 私は一人でもできることとして、まずポスターをつくって自治会に回覧板として回してもらうという方法を考えた。まず、どのようなキャッチコピーにするかプランを立てた。

「たしかに」を使うと、相手に対して「君の考えるとおり地域をゴミのないきれいな環境にすることはむずかしいだろう」といったん譲歩している様子が見て取れる。だがそのあとで、「むずかしいから止めるのではなく、必要だからこそ一人でも立ち向かう」という強い意志を表現している。実は、最初から一人での取り組みを止める気などさらさらないのである。逆にいうと、一人でも取り組むという意志をみんながもつことが大切だとも訴えているのであり、そうした情報の属性がわかれば言外のニュアンスも伝わるようになっていくのである。

（d）対比による属性間の特徴の明確化

　また対比については、次のようにとらえることができるだろう。「対比の接続関係は、典型的には「一方」、「他方」、「それに対して」といった接続表現を用いて表される。あるいはまた、「だが」や「しかし」といった表現によっても、対比を表すことがある。たとえば「この店はまずいが、あの店はうまい」においては、「この店は安いが、うまい」のような、何らかの対立が示されているわけではなく、対照的な二つのものが並べられているのであり、それゆえ接続関係は「対比」である。対比の接続関係にある二つのものは、必ず共通点と相違点をもつ。いまの例で言えば、ともに飲食店という共通点をもち、「まずい」と「うまい」という相違点をもつ。相違点がない場合に対比にならないのはあたりまえであるが、共通点がない場合も、やはり対比にならない。（た

とえば,「カモノハシは卵から生まれるが,それに対して,日本の製鉄はようやく五世紀から始まったにすぎない」では対比にならない。)対比において示されている共通点は,そこで話題にされていることが何であるかを示し,相違点は,その話題について何が言いたいのかを示している[54]」ということである。

総合的な学習の時間に扱う情報のなかには,こうした対比をさせる場面が非常に多い。たとえば,実験や観察をする際には,ある一定の条件を整えるといった共通点を設定するが,その結果については相違点が発生するということが常だからである。

> 商店街での買い物は,実際にお店の人とコミュニケーションを取りながら買い物ができるという長所がある。そのなかで旬の食材を求めたり,またおかずのつくり方を教えてもらうこともあったりと,信頼関係のなかで買い物が成立している。だがそれぞれの商店が独立して存在しているため,いちいち移動して商店ごとに支払いをするという手間がかかる。
> 　それに対してスーパーマーケットでの買い物は,すべての食材が同じフロアにあるため,移動が楽で済むとともに,支払いもレジで一括というようにとても楽である。だが店員さんとコミュニケーションを取る機会を得ることが少なく,食材の詳しい情報を会話のなかから得ることができなければ,レシピについて聞くこともできない。

ここでの共通点は,「商店街」と「スーパーマーケット」というちがいはあるけれど,販売店という点では同じであるという部分である。相違点は「コミュニケーションの有無」「移動と支払いの方法」となっている。このように,「それに対して」という接続表現は,対比されている情報が存在しているときに使われる言葉なので,共通点と相違点が明確になっているかどうか,きちんと吟味して活用する必要がある。

以上,順接と逆接の接続関係に着目して,どのような視点で見れば属性間の特徴を明確にできるかという視点で考えてきた。大切なのは,接続表現をどの

ように使うかということではなく，情報間の関係をどのようにとらえるかということである。ただ順序立てて並べられた原稿というものは，所詮一定の視点で整理されているだけであって，それだけでは相手や目的，意図に応じて内容がよく伝わるようにするには不十分である。やはり，それぞれの情報がもつ属性間の特徴をとらえることができてはじめて，情報を処理したといえるのではないだろうか。

　子どもたちは，日常会話で安易に「でも」という逆接の接続語を多用するのを耳にする。接続表現を考えさせることは，情報の種類や質を知るうえでも大きな意味があろう。

⑤ 引用や会話文の挿入等の工夫で属性間の特徴を明確にする

　属性間の特徴を明らかにするためには，まずそれぞれの情報のもつ属性をわかりやすく理解したり理解してもらったりすることが先決である。そのためには，平易で一般的な言葉を使うことが大切であるが，同時に自分だけの言葉に終始しないことも不可欠である。

　たとえば，ほかの人から得た情報を会話文として使うのと，自分の言葉に直して使うのとでは大きく伝わり方が異なってくる。また，引用をした場合としない場合とでは，該当する情報の信憑性に大きな影響が生じ，それがほかの情報にも影響を与えかねない事態となる可能性もある。それでは，引用や会話文を入れた場合とそうでない場合とを比較し，属性間の特徴を明確にしていくうえでどのようなちがいがあるのかを説明していこう。

〔引用や会話文が挿入されていない文章〕

　　私は，東京都と神奈川県を流れる多摩川の水質について調査してみることにした。多摩川を調べるようにした理由は，水源が山梨県にあることから上流がとてもきれいだと考えられる川が，どのように下流に近づくにつれて汚くなるか興味があったからである。まず東京都庁の人に聞いてみると，多摩川は上流はとてもきれいだが，下流になると生活排水や工業廃水が流れ込み，とても汚くなるということである。また，そ

れでも下流の水質は以前よりも改善されたということであった。

　つづいて，水質について見てみると，水源近くの上流ではBOD平均値が0.5，水源をやや下った上流では0.9であるのに対して，中流と下流の平均値を求めると，なんと2.1という数値にまで上がっていた。

　なぜこれほど下流に行くほど汚れてしまったのだろうか。（以後，検証の記述を進める）

**〔引用や会話文を挿入した文章〕**

　私は，東京都と神奈川県を流れる多摩川の水質について調査してみることにした。多摩川を調べるようにした理由は，水源が山梨県にあることから上流がとてもきれいだと考えられる川が，どのように下流に近づくにつれて汚くなるか興味があったからである。

　まず東京都庁の環境局・自然環境部の鈴木さんに，多摩川の水質について知っていることを取材した。すると，ここ10年の調査の結果，「多摩川は上流はとてもきれいだが，下流になると生活排水や工業廃水が流れ込み，とても汚くなる。またそれでも下流の水質は以前よりも改善された」ということであった。

　つづいて，水質について環境省のホームページを見て調べてみた。すると，多摩川については3箇所でBOD（生物的酸素要求量）テストを実施していることがわかった。具体的には，水源である「山梨県の多摩川上流のBOD平均値は0.5」，「東京都に入った上流部分の平均値は0.9」，「東京都と神奈川県を流れる中流・下流部分の平均値は2.1」という結果であった。また水質を6分類して分けたデータでも，「山梨県の多摩川上流の類型は最高のAA」，「東京都に入った上流部分の類型は2番目となるA」，「東京都と神奈川県を流れる中流・下流部分の類型は3番目の順位となるB」という評価であった。なおこのAAという評価は，濾過等の簡単な浄化操作をするだけで飲用となるほどきれいだというものである。

> なぜ，これほど下流に行くほど汚れてしまったのだろうか。（以後，検証の記述を進める）

### (4) 結論のあり方を吟味して目的や意図を伝える

　結論というのは，自分がいいたいことを締めくくる，情報処理のなかでも最も大切な部分である。したがって，問題提起を含めた序論，事実や具体例を含めた本論との関係において整合性がなければならない。だが，結論の書き方については，子どもたちは意外に指導を受けていないことが多い。本論で扱う情報の収集に力点をおくあまり，結論の立て方については，子どもに任せる傾向が強いからである。ここでは的確な結論づけをするために必要な視点を5つあげ，その詳細について説明していこう。

① 問題提起の答えになっているかどうかを確認する

　序論に含まれることが多い「問題提起」と「結論」とは，対になっている存在だということができるだろう。なぜなら，結論に記述してある情報というものは，問題提起で投げかけた「問い」に対するこたえが書かれてあって然るべきだからである。もしも問題提起で，次のような問いかけがされたら，たとえば次のような結論立てがされるであろう。

> 〈問題提起例1〉
> 　なぜこの地域には「カブトムシ」や「クワガタ」といった昆虫が生息していないのだろうか。その理由をこれから明らかにしていこう。
> 《結論例》
> 　この地域には木楢や椚といったカブトムシやクワガタが餌とする樹液を出す木が少なく，またいたとしても人間がつかまえて自分のものとしてしまうため，自然のなかで生息している姿を見ることができないのである。

〈問題提起例2〉
　工業廃水や家庭用排水の影響がない箱根の山奥にある川が，ホタルの生息に適していない環境である理由について，これから調べていこう。
《結論例》
　箱根の山奥には，たしかに工場もなければ民家も少ない。工業廃水や家庭用排水が川に流れ込まないのは当然である。しかし，ゴルフ場の除草剤として使用する農薬が川を汚していることがわかった。農薬というのは，その汚れの程度が目には見えないが，かなり強い毒をもっていることは明らかである。このままでは，箱根でホタルが見られるようになるのは，とてもむずかしいといわざるをえない。

　「なぜこの地域には「カブトムシ」や「クワガタ」といった昆虫が生息していないのだろうか」という問いに対しては，「こういう理由で生息していない」という結論がくる。「ホタルの生息に適していない環境である理由は何だろうか」という問いに対しては，「こういう理由でホタルの生息には適していない」という結論がくるはずである。
　このような問題提起と結論との整合性については，本論を組み立てながらも意識していくことが不可欠である。なぜなら，集められた情報を元にして結論立てをしていく作業過程で，たとえば意外に多いカブトムシやクワガタの生息を知る可能性もあるからである。その場合は，「なぜこの地域にはカブトムシやクワガタが意外に多く生息しているのだろうか」と，問題提起のあり方まで変わってくる可能性があることも知っておくべきである。
② 本論にある事実や具体例等をまとめているかどうかを確認する
　問題提起で投げかけた課題を具体的なかたちで解決していくのが本論である。結論では問題提起に対するこたえをまとめるわけだが，同時に本論で記述した事実や具体例を総括するということも的確にされなければ矛盾点が発生してしまう。
　たとえば，ある問題提起に対して，5つの事実や具体例を本論のなかで述べ

たとする。もし結論としてまとめる場面で，本論の4つの事実や具体例についてだけまとめたとしたら，どうなるか。残った1つについては，序論・本論・結論のどれにも属さない情報となってしまう。本論で述べられたことをすべて総括するのが結論のあり方なので，5分の4の情報をまとめたからよいわけではなく，あくまでも5分の5の情報を総括しなければならない。

　それでは，実際に結論の出し方として全体を総括していないケースを提示することで，正しい結論の導き方について見ていってみよう。最初の段落が問題提起を含む序論，なかの3つの段落が本論，最後の段落が結論である。

---

　この地域には10年前まで8月の第1土曜日と日曜日に盆踊りがあり，とても盛大に行われていたらしい。しかしその後徐々に規模が小さくなり，ここ数年は中止になったままである。私は，その原因をつきとめようと思い調査を開始した。

　まずわかったことは，会場を確保することがむずかしくなった点である。10年前は，地域のちょうど真ん中に位置する中央公園を使っていたが，ここにたくさんの緑が植えられ，踊れる環境でなくなった。そこで第2公園に舞台を移したのだが，なじみのある中央公園でなくなったことが人々の関心を下げる結果となったようだ。

　つぎに，第2公園の場所も大きく関係していることがわかった。この公園は地域の北側に位置しているが，もともと雑木林だったところを開発して宅地としたため，外から越してきた人が多く住んでいる。いっぽう，昔からこの地域に住んでいる人は地域の中央に固まっているため，「どちらが中心に進めるか」といった感情的な対立も問題の1つとなったようだ。

　さらに，以前に比べて子どもたちが集まらなくなったことも，盆踊りが盛り上がらなくなった原因であるようだ。ディズニーランドなどのような大きな施設のほうが魅力があり，家でもゲームで遊んでいるほうが楽しいという子どもが増えているという結果が出た。わざわざ盆踊りに行こうという子どもは，以前ほど多くはないのである。

> このように，会場を確保できなかったり，以前に比べて子どもたちが盆踊りに対して楽しい気持ちをもてなくなったりしたことで，10年前のような盛大な行事につながらなくなったようである。そして，とうとう2年前に正式に盆踊りは中止となってしまった。

 ここでの結論立てとしては，「～たり，～たり」ということで正確に全体を総括していないことが問題である。具体的には，本論の2番目で指摘している「外から越してきた人と元から地域に住んでいる人との感情的な対立」が含まれていない。
 いっぽう，本論をすべてまとめるのではくどくなってしまうと感じた場合には，「このような地理的・感情的な要因から盆踊りは徐々にその規模が小さくなり，ついには2年後には中止になるという事態を迎えた」という結論でもよいだろう。地理的という部分では，本論の1つ目と2つ目がかかわり，感情的という部分では本論の2つ目と3つ目がかかわっているからである。
 ③ 自分の思いこみだけで結論立てていないかどうかを確認する
 結論というのは，本論で提示した事実や具体例を総括するわけだが，その総括の仕方が適切かどうか吟味することも重要なポイントである。総括の結果が「こうした事実からまちがいなくこうしたことがわかる」という推測ならば結論として成立するが，「たぶんこんなこともいえるのではないか」程度では憶測の域を出ない。きちんと調べたり検証したりした事実を憶測で総括したのでは，最も時間を割いた本論の信憑性まで疑われかねない。
 そこで結論を出した場合には，それが憶測（自分の思いこみ）になっていないかどうかを確かな目で見ていくことが重要なのである。

> 　私は自分の通うA小学校と，友だちの通うB小学校とを比較することで，自分の学校のよさを見つける機会としたいと思い，そのちがいを詳しく調べることにした。
> 　まず，校則から見てみた。私のA小学校では当たり前のものばかりで

とくに厳しいものはないが，B小学校では「前髪が目にかからないようにする」「サンダルでの登校は禁止する」「毎週月曜日はハンカチ・ティッシュの検査日とする」など，細かいところまで決まっている。また，校則も拡大コピーをして，全教室に貼ってあるようだ。

すべての学校で掃除や休憩の時間は同じだと思っていたが，2つの学校を比べてみて昼休みの時間がちがうのにも驚いた。A小学校では，給食のあとに掃除をしてから昼休みにはいるという，面倒なことは先にやるという時間割になっている。しかしB小学校では，給食のあとに昼休みを取ってから掃除をするといった，昼休みのあとに一番面倒な掃除があるという時間割になっていて，とてもくつろげるような状況になっていない。

また，持ち物でも2つの学校の間に差があった。もっとも大きなものとして，水筒が許可されているかいないかがあげられる。A小学校では，6月〜9月の暑い期間だけ水筒の持参が許可されていて，授業の時間以外なら好きな時間に飲むことができる。しかしB小学校では，認められているのは学校の水道水だけである。冷たいものを飲めるA小学校に比べると，とても厳しいということができるであろう。

このような事実からわかってきたことは，A小学校に比べるとB小学校はとても窮屈で厳しいということである。いろいろと調べた結果，自分の通うA小学校が本当によい学校だということがわかり，私は先生方にもとても感謝している。

多くの学校の研究発表大会などでも，このような結論の出し方をしている総合的な学習の発表をよく聞くことがある。さらに結論の最後に「私は先生方にもとても感謝している」などといわれたら，おそらく先生方もご満悦であろう。

だが，これで結論として本当に成立しているのであろうか。実は最初から「A小学校のほうがよい」という結論にしたいという前提で進めてはいないだろうか。この3つの根拠からA小学校のほうがよいと，はたしていいきれるのか。そもそも「よい」という評価の基準は，どこにあるのだろうか。自分に

とって都合がよいという理論で進めてはいないか。

　このように考えていくと，この結論は憶測の可能性が高い。つまり「A小学校のほうがよいといいな」「A小学校のほうがたぶんよいだろう」程度のまとめなのである。だが，これでは結論を導き出すという情報処理をしたことには到底ならない。そうならないためにも，次のような視点と付き合わせて見ていく必要がある。

　（i）結論を導き出すサンプルが適切か

　ここでは，「一部の校則」「昼休みの時間設定」「飲料用としての水筒の許可」という3つに論点をしぼり，A小学校のほうがよいという結論にしている。だがこの結論立ての仕方をB小学校の人間が見たら，「A小学校のほうがよいということを伝えるために，都合のよい事例だけを取り上げている」と思うかもしれない。つまり結論を導き出すためのサンプルに偏りがあるというのだ。これでは，憶測や偏見といわれても仕方がない。

　したがって，サンプルを適切に抽出することが大切になってくる。時間設定を比較するのであれば，たとえば「朝休み」「朝活動」「中休みの時間の取り方」「給食時間」「昼休み」「掃除時間」「帰りの会の時間」「下校時刻」「各授業の時間」など，すべての時間を比較することで，どこにどのようなちがいがあるのかを明確にすべきであろう。

　結論を導き出すためには，本論でふれたすべての要素を結論のなかに入れるだけでなく，本論のなかに出てくる事実や具体例といったサンプルが適切かどうかも併せて見るべきであろう。それがまた結論に必然性を与えるといったよき循環となっていくはずである。

　（ii）結論で活用した言葉に客観性があるか

　上記の例文では，「いろいろと調べた結果，自分の通うA小学校が本当によい学校だということがわかり…」と結論づけている。ここでは「よい」という言葉が1つのキーワードとなっている。ところで，ここで記述している「よい」とはどのような意味があるのだろうか。「自分にとって都合がよい」「今が楽しいからよい」「将来にわたって役に立つからよい」「自分は判断できないが親が

よいといっているからよい」など，受け取り方はさまざまにできるであろう。すると，ここで出てくる「よい」という言葉は主観的なものであり，どこでも誰でも同じように解釈のできる，汎用性のある言葉ではないということになる。

このように情報の発信者と受信者とが，同じような意味で言葉を解釈できないような場合は，結論のなかで使うべきではないだろう。もっとも，「私がA小学校のほうがよいなと感じたところは」とするのであれば，あくまでもその調べた本人の感想なので，こちらは許容範囲であろう。

（ⅲ）事象の表面的な部分だけを見て結論づけていないか

B小学校の「前髪が目にかからないようにする」「サンダルでの登校は禁止する」「毎週月曜日はハンカチ・ティッシュの検査日とする」などの決まりは，本当に窮屈なものであろうか。見方によっては常識的で子どもにとってよいと考えられることを，決まりというかたちで実践しているすばらしいことかもしれない。昼休みのあとに掃除があるという時間設定も，5時間目の授業に入ることを考えれば，心理的な準備をするという意味でも効果が期待できる。夏の暑い時期になっても水筒を許可していないのは，水筒を持参することよりも水道の水を飲んだほうが食中毒になる可能性が低いという，リスクマネージメントを考えてのこととも受け取れるだろう。

感覚的・心情的には，校則がなく，自由が与えらる範囲が広いほうが，子どもにとって快適かもしれない。しかし，快適な環境が子どもを伸ばすとは断定できない。場合によっては，不自由な環境が我慢強い人間を育成するということもあるだろう。自分にとって快適だという表面的な理由で結論づけるのではなく，「そうした行為にどのような意味があるのか」「そうした行為を続けていった場合，どのような効果が期待できるのか」といった物事の深い部分にまで留意し，結論として出していくことが必要であろう。

（ⅳ）結論に論理性があるか

「A小学校に比べるとB小学校はとても窮屈で厳しいということである。いろいろと調べた結果，自分の通うA小学校が本当によい学校だということがわかった」という結論は，論理的に正しいものであろうか。ここで学習者が感

じていることは，ただ「A小学校はB小学校に比べてよい」ということであり，それがすぐに「A小学校がよい学校だ」という結論になるかというと，それははなはだ疑問である。なぜならA小学校がよいと結論づけたのは，あくまでもB小学校と比べただけであって，それが一般的にA小学校がよいという根拠にはなり得ないからである。

　A小学校とB小学校とを比較してわかることは，あくまでもA小学校とB小学校とのちがいだけである。したがって結論としては，「両校を比較してこのようなことがわかった」程度のものしか出すことは無理であろう。一般論として結論づけるためには，たとえば文部科学省が全国の小学校を対象にとったアンケート結果とA小学校との実態とを比較するという方法であろう。その場合には，「A小学校はこんな特徴がある」ということができるであろう。

（ⅴ）一方的な立場だけで結論づけていないか

　「A小学校のほうがよい」という結論は，あくまでもA小学校に通う立場の人間が出したものである。同じようなデータが出たとしても，B小学校の立場の人間が書いたとしたら，たとえば次のような書き方になるのであろう。

---

　このような事実からわかってきたことは，B小学校に比べるとA小学校は何でも自由を認めるというわがままな人間を育成するおそれがあり，楽で楽しいことを優先させるという傾向をもっている。いろいろと調べた結果，自分の通うB小学校のほうが規律正しい人間を育成することができる本当によい学校だということがわかり，私たちの現在の健康だけでなく将来までも考えてくれる先生方にはもとても感謝している。

---

　結局，それぞれの立場により，都合のよい結論の書き方ができるのである。したがって，結論を出す立場として大切なのは，両者の立場の間に位置し，どちらの肩ももたないような一般的で中庸な内容でまとめることであろう。

④ 抽象的な内容で結論づけていないかどうかを確認する

　子どもの発表を聞いていて気になるのは，明確な結論を避けるあまり，ぼかした抽象的な結論になっていることがたびたび見受けられるということである。

結論というのは，今まで提示してきた情報をすべてまとめるといった，いわば学習者の意志がつまったものである。それが抽象的であるというのでは，今後「自らの意志や立場を明確にした人生」を歩むことなど困難である。子どもの学習の場だからこそ，主張を明確にした結論であるべきだと考える。

たとえば，『川の汚染』を学習課題にした子どもが，川の水質調査・近隣住民の意識・行政の対応・川の水質改善に成功した地域の紹介などを，事実や具体例として提示したとする。それが，もし次のような結論ではどうだろうか。

> 地域を流れる川はこれほど汚れているにもかかわらず，人々の意識はとても低い。一刻もはやい改善が求められているのである。

とくに文法的な誤りがあるわけではなく，主張そのものがまちがっているわけでもない。だがここからは，「これほど川が汚れているのに大人の意識は低い」という学習者の怒りは伝わらない。それをさらに具体的な表現にすると，どのように印象がちがうだろうか。

> 私の住んでいる地域を流れる川は，ほかの川と比べてとても汚れています。水質検査の結果を見ても，市を流れる川のなかで最も汚いという悲しいものでした。さらに悲しいのは，川をきれいにしようという取り組みを，川の近くに住む人や市役所の人たちが真剣に考えていないことです。これでは川だけでなく人の心まで汚れているようなものなのではないでしょうか。具体的な改善の方法としては，何からすればよいのか，まだ子どもの私にはわかりません。しかし川を少しでもきれいにしたいという願いをみんながもてば，昔のように川でも泳げるような環境が戻ってくるのではないでしょうか。

2つの文章とも，いっていることはだいたい同じである。だが抽象的な結論では，とくにこの地域を流れる川でなくても，どの川でも該当しそうな内容である。だが，後者の結論は大きくちがう。この自分の地域の川を昔のような清流に戻したいという意志が強く表れている。「人々の意識がどの程度なのか」，

また「私の願いはなんなのか」という主張が具体的で，まさに"地域を流れるこの川"を限定させる表現になっているのである。

⑤ 未来に対する展望が明確になっているかどうかを確認する

理想をいえば，結論もただ本論で述べた事実や具体例をまとめるだけではなく，未来に向けての展望まで表現してあればもっとよいだろう。未来に対する展望や夢を語って締めくくるためには，さらに詳しいところまで調べなければならない。展望や夢といっても，ただの当てずっぽうではならない。ある程度の根拠をもって，「こういう理由でこういう方向が考えられる」というのであり，その結果「その継続がこうした夢につながる」とまとめていけば，最後まで憶測というかたちで情報処理することはないはずである。

たとえば上記の文章についても，未来型の展望と"私の夢"をさらに明確にするとなると，たとえば次のような内容になる。

> 私の住んでいる地域を流れる川は，他の川と比べてもとても汚れています。水質検査の結果を見ても，市を流れる川のなかでもっとも汚いという悲しいものでした。さらに悲しいのは，川をきれいにしようという取り組みを，川の近くに住む人や市役所の人たちが真剣に考えていないことです。しかし，だからといって諦めていたら，私も川を汚している人たちと同じ仲間ということになってしまいます。
> 
> 生活排水を川に流すという現状を変えられないのであれば，「油を流さず固めてゴミとして捨てる」「環境破壊をしないようなシャンプーの使用を勧める」「風呂の残り湯を使って洗濯機を回す」ことを近隣の人々に訴えていきたいと思っています。さらには，下水道の設備を市役所にお願いしていくつもりです。一人では対応してくれなかった場合は，多くの人の賛同を集めてから再度お願いに行こうと考えています。このように，私たちにできることを徐々に進めていけば，夏は川で泳ぎ，魚を釣ることもできるだけでなく，自然に水辺に人々が集まるような環境づくりも成功することでしょう。この市で一番汚かった川が市一番の清流といわれるよう

になるまで，みんなで努力を続けていきましょう。

## 3　的確な言語を活用した情報処理

　相手に的確に情報を伝えるためにもっとも大切なことは，正しい内容が伝わるような的確な言語を活用することであろう。だが，果たして子どもたちは実際にそれほど多くの語彙力をもっているのだろうか。今は，その問いに対して否定的にならざるを得ない現状である。

　数学者の藤原正彦は，語彙力について次のように指摘している。「私は電車に乗ったとき，近くにいる中・高生の会話に耳を傾けることがあります。そしてそのたびに，子どもたちの「国語力」の低下を痛感し，日本の未来に暗い思いを抱いてしまいます。「チョーうざい」「サイテー」などといった，いわゆる「言葉の乱れ」が問題の核心なのではありません。そうした言葉は，いつか時代とともに廃れていくものです。（中略）そもそも，言葉が乱れたからといって日本が滅びるわけではありません。私が暗澹たる気持ちになるのは，もっと別の理由です。それは語彙力の低下です。車中の子どもたちの会話にさらに耳を傾けると，じつに少ない言葉しか出てきません。おそらく，100語か200語くらいではないでしょうか。言葉は，単なるコミュニケーションの手段ではありません。私たちは，何かを考えるとき，頭の中で必ず言葉を使います。語彙が豊かであれば，思考も豊かになるでしょう。語彙が貧しければ，思考も貧困なままです。「言葉」はほとんど「思考」に等しいのです。100か200の語彙しか持っていない人は，それに見合った思考しかできないのです[55]」。

　藤原によると，次の2つが大きな問題になるという。
・子どもたちは，実に少ない言葉の量でコミュニケーションを取っていること
・語彙が貧しい子どもの思考も貧困なままであるということ

ところで，子どもたちと会話をしていて気になる言葉の1つに，「ビミョー」

というものがある。
　T：「この内容で相手にいいたいことが十分に伝わりそうですか？」
　S：「ビミョー」
　T：「結局あなたの立場は賛成なのですか，それとも反対なのですか？」
　S：「ビミョー」
　この「ビミョー」というのは，漢字にすると「微妙」となるが，とくに細かい距離感や感情を表現するために活用している言葉とはなっていない。自分の立場を明確にすることを避け，わからないことを誤魔化すために使っているにすぎないのだ。だから「ビミョー」の意味は，「どちらにも決められない」「よくわからない」「良いとも悪いともいえない」などとなる。
　「この内容で相手にいいたいことが十分に伝わりそうですか？」と聞かれたら，「伝わると思います」や「この部分は伝わると思いますが，この部分は○○という理由で自信がありません」というように，相手の問いに対して正面から向き合うことが必要であろう。それを「ビミョー」という単語で済ませていては，相手にいいたいことが伝わらないだけでなく，貧困な思考で総合的な学習を進めざるを得ないという結果になってしまう。それでは，所詮相手にいいたいことが的確に伝わることなどあり得ない。
　それでは豊かな思考力をもてるように，語彙力を上げていくためには，どのようにすればよいだろうか。それには，次の3点に気をつけることが大切である。

(1)　日常の授業から言葉に対する鋭敏な感覚をもたせるようにする
　年間70時間程度の総合的な学習の時間だけでは，言語指導にかける時間などたかが知れている。だからこそ，日常の授業から正しい的確な言語を使う指導を心がけなくてはならない。普段使ってもいないのに，急に総合的な学習の時間で活用するのは無理なことなので，多くの言葉を繰り返し活用する訓練が日頃から大切であろう。
　また，たとえば日常の作文指導でも，総合的な学習の時間で情報処理するさ

いに頻出しそうな言葉を，意識的に教えていくことも1つの方法であろう。「分析」「明示」「詳細」「工夫」「趣旨」などという言葉は，日常会話ではあまり使われないが，情報処理する段階で活用すると伝達する情報全体が締まるという力をもっている。「むずかしいけど大人が使うみたいで格好いい」と感じた子どもは喜んで使うことが予想され，それがまた思考を豊かにすることにつながるはずである。

(2) 意味を理解したうえで言葉を活用させるようにする

やはり総合的な学習の研究発表大会などに行って気になるのは，子どもが意味も知らないで言葉を使っている場面が非常に多いことである。とくに調べ学習をとおして情報収集する場合は，本や資料の一部を引用することが多いので，それをそのままの表現で抜き出して使うことが頻繁で，まったく自分のものとなっていないという印象を受ける。

意味もわからないような言葉ばかりが出てくるようでは，引用した本や資料のレベルがその子の力量をはるかに越えているのである。こうした場合は，もっとその子の理解に合うような表現で書かれたものを得るような助言をしなくてはならない。自分の調べたいことがその本にしかなく，しかし使われている言葉がむずかしすぎるような場合は，教師をはじめとした大人がその子の理解できる言葉に置き換えてやることも必要である。

だが，ここでいいたいのは，「意味がわかるように簡単な言葉を選んで使おう」ということでは決してない。「いいたいことを伝えるために的確な言葉を使うようにしよう」ということである。それは平易な言葉かもしれないし，ときには子どもにとって初めて出会う難解な言葉かもしれない。大切なのは，その場面に必要な言葉を，意味を理解したうえで活用することである。そのためには，子どもの現状を見ながら的確に助言する大人の存在が不可欠である。

(3) 的確な言葉遣いは説得性が増すことを教えていく

ただむずかしい言葉を使うというのではなく，自分の主張を伝えるために的

確な言葉を使うということは相手をより説得する可能性が高くなるということを知ったとき，子どもはそうした言葉を活用することを選ぶであろう。たとえば，自分が相手から説得されやすい表現というと，次の2つのうちのどちらだろうか。

> A：たぶん地域のゴミをゼロにすることはむずかしいでしょう。でも，むずかしいからやらないというのでは，その地域はいつまで経ってもきれいにならないというか…いつかはゴミの山となってしまいます。だからもう一度取り組んでみて，その結果を見てみることで，またどうすればよいかを考えてみてもよいでしょう。

> B：地域のゴミをゼロにすることはむずかしいことだと思われます。しかし，むずかしいからやらないというのでは，その地域のゴミがいつまで経っても減る見通しは立たず，このままではいずれ"ゴミの山"となってしまうといっても過言ではないでしょう。ですから一定期間少しでも多くの人がゴミ拾いに取り組み，その後のゴミの減少の様子を分析することで，次の対策をまた工夫してみるといった方針をとることも1つの方法だと思われます。

A・Bともにいっていることは同じである。しかし，Aのように「たぶん」「～というか…」「もう一度取り組んでみて」などの具体的なことを明示しない表現を聞くと，情報を受信する側も信憑性を疑うということがわかるだろう。ときには，受信する側の立場でものを考えることも大切である。

# 第6章 情報の創造

　創造力とは,「新しいものを生み出す力」のことである。前章では情報処理の仕方について説明したが,場合によっては他人が調べたり考えたりしたことを,自分なりの論理で組み立て直しただけのものである可能性もある。それでは情報に振り回されているだけで,自ら主体的に情報を活用したことにはならない。

　そこで処理した情報を元に,そこから新しいものを見つけたり,自分なりの解釈をつけ加えていったりすることが重要になってくるのだ。それこそが創造であり,複数の情報を元に自ら新しいものを生み出す経験をとおして,「自己の生き方を考えることができるようにする」ことが可能になってくるであろう。

　この創造力について,伊藤進はその著書『創造力をみがくヒント』のなかで,次のように指摘している。「新たな問題に,自分なりに対処していれば,「創造的」ということになる。そして,「問題の新しさ」の程度と,「自分なりに」の程度の組み合わせで,どのくらい創造的なのか,その程度が決まってきます[56]」と。

　私もこの考えにまったく同感である。「問題の新しさ」の程度については,それが新しいか古いかということは小学生の子どもにはあまり関係ないかもしれないが,「自分なりに」どう解決していくかという過程は大きな意味をもつ。自分なりの人生を歩むということは,自分なりに物事を解決していくことの連続だからである。ただ子どもを放っておいても,決して自分なりに解決できるようにはならない。なぜなら「創造」ということに対して,子どもはあまり意識化したことがないからである。そこで,「どのようにすれば」,また「どのよ

うな発想をすれば」，さらには「どのような点に着目すれば」自分なりの解決の仕方ができるようになるのか，その方法を教えていく必要がある。

## 1　創造力を育む10のポイント

(1) 今までとは逆の発想で新しいものを生み出す

　私たちは知らず知らず，物事を順番どおりに考え，常識の範囲内で思考し，物事を正面から見るなどの習慣を身につけている。知識を身につけるためには，そのものを正確に理解する必要があり，ちがった方向からものを見ることは曲解につながる可能性があることをおそれるからである。おそらく角度を変えて見ることを奨励することは，学校教育をはじめとして家庭教育や社会教育でもあまり実践されていないはずである。

　逆の発想というと，一見奇をてらったように感じるかもしれない。だが，それはまったくちがう了見である。たとえば，「正」から見た逆は「負」だ。「正」を「正」として正面から見ることは当然必要であるが，「正」についてもっと深い認識をもつために，「負の反対関係にあるもの」といった見方をすることも無意味ではない。仮に1万円という金額を得て，それを「正」ととらえるとする。逆に1万円損をしたら「負」ということになる。「正」として獲得した1万円の価値を理解するために，「負」としての1万円の価値の逆，つまり「これほど悔しくて残念な感情のちょうど逆の感情」というようにとらえることも可能なわけだ。

　また，「有」の逆は「無」である。今まで有ったものを無くすことで，成功を収めた例は数多くある。たとえば，今でこそ当たり前だが，スーパーマーケットの発想は数十年前はなかった。すべての買い物はそれぞれの商店で買い，会計も店ごとにしていた。今まであった「各店での支払い」を無にすること，つまり一括してレジで精算という新しい仕組みを生み出すことで，大きな利益を生むスーパーマーケットが誕生したのである。最初は誰も考えていないことが，はじまってみるとそれが現代社会での常識となっていることも多々ある。

このような，逆の発想を総合的な学習の時間にもてたとしたら，子どもはとてもユニークな体験をすることとなる。たとえば，このような思考はどうであろうか。

A：修学旅行をテーマにした通常の取り組み

　6年生の総合的な学習の時間の取り組みとして，修学旅行を題材にしたものをたびたび目にすることがある。方面は「日光」「東京」「京都」などさまざまであろうが，決まった行き先についての学習をさらに深めるというものである。現地の様子を調べたり，交流する計画を立てたり，しおりをつくったりと，旅行当日の見学や体験の内容が充実するようにというねらいで，"事前学習"として行われ，旅行後は"事後学習"として修学旅行のまとめをするといったことが，修学旅行をテーマにした場合の通常の取り組みだと考えられる。

B：逆の発想をもった場合の考え方

　上記Aのように，いわゆる通常のパターンで学習を進めてきた子どもが，ある程度まとまった内容として情報処理を終えたとき，たとえば次のように感じるかもしれない。「この学習は自分たちで進めるといった主体的なものではなく，やるべきことが決まっている各教科と大差ないものではないか」と。たしかにこのような取り組みをすると，現地についての知識が深まるかもしれないが，総合的な学習のねらいである「自ら課題を見つけ，自ら学び，自ら考え，主体的に判断し，よりよく問題を解決する資質や能力を育成するとともに，学び方やものの考え方を身に付け，問題の解決や探究活動に主体的，創造的，協同的に取り組む」ことができるようになったかどうかというと，はなはだ疑問である。

　そこで逆の発想をもち，取り組みについて再考してみることもよいかもしれない。もともとこの修学旅行のスタートは，段取りを教師がするといった「先生が子どもたちを連れて行く修学旅行」である。教師が方面や行程だけではなく，業者との折衝や確認または細かい約束事までの

多くを決定していくという流れである。このいわゆる通常のかたちの修学旅行を逆の発想にしたらどうなるであろうか。それは「・子・ど・も・た・ち・が・先・生・を・連・れ・て・行・く・修・学・旅・行」に発想転換することである。

C：子どもの発想主体の修学旅行への転換

　教育課程編成があるから，すべて子どもたちに任せることはむずかしいが，学校としておさえておくのは，修学旅行のねらい，日にち，目的地だけにしておくのもユニークである。日にち以外は，細かい時間設定を事前にせず，たとえば11月の20日〜22日の2泊3日だけ押さえ，目的地についても東京方面などとし，具体的な細かい行き先まで決定しておかないのである。

　すると残った部分，つまり修学旅行に行くために決定したり事前学習したりする部分を，子どもたちがすべて自分たちの力で進めていくこととなる。宿泊する旅館は業者との確認で決定し，3日間どのような場所を見学し体験するのかも子どもが決める。起床時間から就寝時間の決定まで，どのようなタイムスケジュールで行動するのかも同様である。さらには，お小遣いの金額，持ち物等の細かい約束にいたるまで子どもに任せるのである。事前学習が充実するように頑張るのも子どもの意志によるようにする。

　もしもこのような修学旅行になったとしたら，まさに「先生が子どもたちを連れて行く修学旅行」から「・子・ど・も・た・ち・が・先・生・を・連・れ・て・行・く・修・学・旅・行」への発想の転換である。自分たちが考えなければ進まないという条件設定は，子どもたちの自ら学ぶ姿勢を育み，総合的な学習のねらいを具現化することにもつながるであろう。

実際にこのかたちの修学旅行は，私が2006（平成18）年度に第6学年の修学旅行で実施したものである。教師が決めておいたのは，「具体的な2泊3日のヨにち」「宿泊旅館」「日光方面」の3点だけであった。そして，残りはすべて子どもたちに任せるという方式をとった。

子どもたちは，当初とても喜んでいた。「自分たちの好きにできる」というキャッチフレーズが魅力的だったからであろう。しかし段々と取り組みを重ねていくうちに，「好きにやるというのは，好き勝手にやるという意味でなく，責任を果たせるようにやるという意味なので，とても大変だということに気がついた」という感想をもらすなど，今までにない真剣な取り組みへと変わってきた。「見学する場所の決定」「外で取る昼食の場所決めとメニューの確認」「風呂のローテーション決めと確認する係児童の配置」など，子どもたちにとってはじめて体験する題材ばかりであった。

　今までこうした取り組みについての前例がなく，決定したり学習したりするたびにその意味を自分たちで問いかけるという経験は，まさに創造的な活動であったようだ。この取り組みをとおして，自分たちで創造することの楽しさを学んだことは，また次のさまざまな活動の意欲づけとしても大きな意味があったと感じている。

### (2) できないから止めるのでなく代替できるものを柔軟に考える

　子どもたちは無理だと判断するとそこで考えることを中断し，中断した段階をもって学習を終了させるか，または次の学習課題の取り組みに移るか，どちらかの傾向が強い。だが，できないから止めるのでは，創造の入り口に立つことなく逃げるようなものである。

　これ以上の取り組みはむずかしいといった場合に必要な思考は，時として「ほかに代わるものはないか」という柔軟で創造的なものでなくてはならない。たとえば次のように考えることで，現状を打開することができる可能性が出てくるのではないか。

- 大きすぎてつくれないような場合は，小さなミニチュアにできないかどうかを考える。
- 遠すぎて行けない場合は，近くに似たような条件の場所がないかどうかを考える。
- 学校にない場合は，ほかの施設にないかどうかを考える。

総合的な学習の取り組みでは，こうした代用の発想で解決できることもあるはずである。

---

〈できないという判断にいたる経緯〉
　家庭用排水が川に流れ込んだときに，どのように川の流れに混ぜられるのかを知りたい子どもがいたとする。だが，家庭用排水に色がついているわけでもなく，仮に色の付いた排水を流すようにお願いしたとしても，上空から見られるわけでもない。そこで，川の汚れを調べるためのいくつかの要素のうち，家庭用排水が川の水に混ぜられる様子についての情報は断念することにした。
〈考えられるほかに代わるもの〉
　ここでの問題は実際に川に排水が流れ込んだあとに，どのように混ぜられるかを知る術がないということである。巨大な川の全貌を見ることも無理なら，流れ込んだ排水を特定して見ることもまた困難である。
　そうであれば，実際に目に見える範囲での川をつくってみればよいのだ。具体的には校庭などに縦に長い穴を掘り，川のミニチュアをつくるのである。そして家庭用排水として白などの見やすい絵の具を流し，攪拌されていく様子を観察するという方法も考えられる。

---

　ここで発揮される創造力は2つある。1つ目は，ほかに代わる取り組みを考えるときに使う創造力である。もう1つは，代用したもので検証したとき，その結果をもとに次の取り組みを創造していく力である。またほかの方法や内容を模索するというのは，創造力だけでなく"たくましく生きる力"をも育んでいくものであろう。


(3)　複数の仮説を立ててこたえと照合するような訓練をする
　子どもたちは，すぐに正解を知りたがる。あれこれ考えるのではなく，はやく正解を知ったほうが次の取り組みに速やかに移れるというメリットを感じているからだ。だが，それでは正解という知識を獲得しただけで，決して何か新

しいものを生み出したり今までにない発想で考えついたりするという，創造力を得ることにはつながらない。

そもそも総合的な学習の時間というのは，獲得した知識をじょうずにまとめることが最終的なねらいではなく，一生涯にわたって問題を解決していく方法を獲得させることがねらいである。そう考えると，正解を知るというのは二次的なものであり，あくまでも「どのようにしてそうした考えにいたったか」という過程のあり方に主眼がおかれるべきである。

したがって，子どもたちに意識させたいことは，1つのある問題や課題があった場合に，「こういう理由でこうではないか」という仮説を，できたら複数立てさせることである。その後に，いわゆるこたえを見るのである。もし自分の仮説とこたえとが合致していれば，自分の考え方が正しかったという，考えを導き出す過程を評価できる結果となるだろう。だがそれ以上に，正解といわれるこたえ以外の自分の仮説が存在した場合には，もしかしたら独自の新しいものを生み出している可能性がある。

そうして生み出すことのできた仮説は，創造性にあふれていることが考えられ，また仮説を考え出していく過程で知らず知らず創造力を活用していたことも予想される。したがって，「こうではないか」という仮説を考え，正解といわれる情報と照合することには大きな意味があるのだ。商店街を活性化させるというねらいに基づいて活動するケースを例示して，どこに意味があるのかを具体的に見ていこう。

---

**学習課題**
「商店街を活性化させるためにはどうすればよいだろうか」
**子どもが調べた商店街が活性化していない原因**
（買い物客へのアンケート結果）
- 全体的にスーパーマーケットに比べて値段が高い。
- それぞれの店で財布を開けて支払いをするということ自体が面倒である。
- いつでも空いているという駐車場がない。
- 新聞にチラシが入っていることがないので，「お買い得品」がわからない。

- 商店街全体で見てもスーパーマーケットのようにすべての商品が揃っているとはいえない。

※そのほかにも少数意見はあったが，上位5項目は上のような感想であった。

#### 子どもが考えた商店街活性化の仮説
（スーパーマーケットのように，値段を安くしたり急に駐車場を増やしたりすることはむずかしいと考え，明日からでもできそうな活性化の仮説を考えた。）
- 商店街を巨大な1つのフロアと考え，4箇所の出口にレジを置き精算するシステムをつくる。
- 「お買い得品」のチラシ代金を商店街組合で予算化し，新聞のなかに入れるようにする。
- ほしい商品がないということがないよう，商店街組合で「なんでも屋」のような店をつくり，各商店では手に入らない品物を販売するようにする。
- スーパーマーケットにはないような，レシピのチラシを置いておき，それを各商店ごとに説明することで，コミュニケーションを取れるという商店街最大の武器を利用する。

#### 商店街の店主たちが考えた活性化プラン
- 商店街の近くに駐車場となる場所を借りる。
- 一部の商品をスーパーより安くして，消費者が買いに来たくなるように工夫する。
- 「お買い得品」のチラシ代金を商店街組合で予算化し，新聞のなかに入れるようにする。
- スーパーマーケットにはないような，レシピのチラシを置いておき，それを各商店ごとに説明することで，コミュニケーションを取りながらの販売をめざす。

#### 地域の消費者が考えた活性化プラン
- なんとか努力をしてスーパーマーケットよりも安い値段設定をめざす。
- 「お買い得品」のチラシを，毎週はじめに新聞のなかに入れるようにする。
- スーパーマーケットにはないような，レシピのチラシを置いてくれ，それを各商店ごとに説明してくれれば，晩ご飯のメニューを考えるさいにも助かる。
- ポイントカードを作成してたまったら値引きやプレゼントの対象とする。

対策を考える際には，分析を元にして考えるのが通常である。ここでは，「子どもが調べた商店街が活性化していない原因（買い物客へのアンケート結果）」

についての調査がその材料となるはずである。「全体的にスーパーマーケットに比べて値段が高い」「いつでも空いているという駐車場がない」「新聞にチラシが入っていることがないので，お買い得品がわからない」の3点については，商店街の店主や地域の消費者が活性化プランとして提示している。

だが，注目すべき点は，「それぞれの店で財布を開けて支払いをするということ自体が面倒である」「商店街全体で見てもスーパーマーケットのようにすべての商品が揃っているとはいえない」という課題に対する対応プランが両者からは提示されていないことである。おそらく，この2つについては対応が無理だということで，プランを考える際に最初から削除してしまったということが考えられる。

いっぽう，子どもの考えたプラン（仮説）は，この2点についての対応策を明示している。1つは，「商店街を巨大な1つのフロアと考え，4箇所の出口にレジを置き精算するシステムをつくる」というもので，もう1つは「ほしい商品がないということがないよう，商店街組合で「なんでも屋」のような店をつくり，各商店では手に入らない品物を販売するようにする」と商店街が活性化するのではないかという仮説である。

実現するかどうかは別の問題として，大人が考えられなかった問題に対する対応策を，子どもは一応考えてはみたのである。場合によっては，昔ながらの商店街に対する意識を破壊するほどの，斬新なプランとなる可能性をもつものかもしれない。もしも最初から商店街や地域の人に聞いた対応策を唯一の正解だと考えていたら，このユニークな2つの対応策は誕生していなかったかもしれない。

このように，仮説を立てて最終的にいわゆる正解といわれるもの（ここでは，商店主や消費者が考えたプラン）と照合することで，自由な発想を基盤とした自分たちのユニークなプランの意味や価値に気づく可能性もある。大切なのは世の中の常識を知ることでもなければ，大人の発想を真似することでもない。創造するという行為そのものを楽しむことである。その1つがここで提示した複数の仮説を立てる習慣をもつということなのである。

(4) 対比の発想で新しいものを生む手がかりをもつ

　広い視野で物事を多面的に見れば創造力が養われるという人がいる。たしかに，そのとおりである。しかし問題は「広い視野で物事を多面的に見る」ためには，子どもにどのような方法を提示すればよいかという点である。そこで具体的な方法の1つとして，「対比」によるものの見方をとおして創造力を喚起することを説明していこう。

　対比をしていくということは，対照的な事実や具体例または言葉を抽出して比較していくことであり，そこからなんらかの法則性や規則性を導き出せる可能性がある。次のようなさほど長くない例文でも，多くの対比の要素を抽出することができる。

> 　「福祉」を題材に，私は老人ホームでの交流を進めることになりました。最初老人ホームへ行って驚いたことは，みんな元気がないと思っていたのに，普通の生活ができそうなほど元気な人もいるということでした。一番元気なTさんを見ていると，自分の身の回りのことだけでなく，体が不自由な人を助けているという様子でした。所長さんの話を聞いてみると，ここの入所者数は150名ということでした。自分の家で暮らしたいと願う人も何人かいるようですが，息子夫婦に入るように言われて仕方なく入所した人もいるそうです。一方，身寄りがないので，ここでの生活はさびしさがやわらぎ，とても楽しいと感じている人もいるようです。
> 　3回目の交流をしたとき，私は4人のお年寄りと1時間ほど話をする機会がありました。その時の話で一番心に残っているのは，「一番幸せなのは家族が仲よく，みな健康であることだ」というSさんの話です。また私が帰るときになって，「また来てちょうだいね」と言って泣きながら手を取ってくれたことは今でも忘れられません。また行ってみたいです。

　たとえば，こうした情報をもとに結論をまとめるとすると，次のようになるだろう。

・老人ホームに入所している人のなかには，さまざまな境遇や状況の人がいる。

・老人ホームも普通の社会や家庭でも，人と人とのかかわりが重要である。

　続いて上記の文章のなかに出てくる対比関係にある表現や言葉を抜き出し，さらにどのようなことがわかり，また新しい気づきを生むことができるか確認していこう。

対比（A）

| 元気な人 ←→ | 元気そうでない人 |
|---|---|
| Tさん<br>仲間の世話<br>普通の生活<br>進んで入所 | 残る大部分<br>仲間からの世話<br>介護を必要とする生活<br>やむなく入所 |

対比（B）

| 最初のイメージ ←→ | 行った後でのイメージ |
|---|---|
| みんな元気がない<br>※とくになし | 元気な人もいる<br>また行ってみたい |

対比（C）

| 普通 ←→ | 特殊 |
|---|---|
| 普通の生活<br>一般の社会<br>家で暮らす | 特殊な生活<br>老人ホーム<br>入所を強要される |

対比（D）

| 幸せなこと ←→ | 不幸せなこと |
|---|---|
| 自分の家で暮らす<br>家族がいる<br>仲間がいる<br>家族の仲がよい<br>健康である | 自分の家で暮らせない<br>身寄りがない<br>仲間がいない<br>家族の仲が悪い<br>病気している |

　まず，対比（A）について見てみよう。原稿全体をただそのまま読んでいると，どうしても元気なTさんの存在がクローズアップされ，この話のなかに出てこない人の存在を意識化することはむずかしい。だがこの対比をとおして，次のようなことがわかる。

> ・Tさんのような元気のよい人もいるが，大部分が元気のない人である。
> ・元気のない人は介護を必要としている場合が多いのではないか。
> ・進んで入所している人もいるが，元気なTさんがそうとは断定できない。
> ・体の調子に関係なく，やむなく入所した人は，精神的には元気だとはいい切れない。

　つづいて対比（B）について見てみよう。学習者である"私"は，「最初老人ホームへ行って驚いたことは，みんな元気がないと思っていたのに〜」とあ

るように，行く前は老人に対してもっと元気がないと思っていたことがわかる。そんな私が帰るときになって，「また行きたい」と感じるようになったのである。すると，対比から次のことが推測されるのではないか。

> ・"私"がまた行きたいと思ったのは，元気なTさんや，「また来てちょうだいね」と言って泣きながら手を取ってくれたSさんの存在が大きいと思われる。つまり対比の表からもわかるように，行ったあとでのイメージがよくなったのである。つまりそこから，行ったあとに比べると，行く前のイメージがさほどよくなかったことが推測される。

文中では「普通」という言葉は出ていても，「特殊」という言葉は出ていない。だが，あえて「特殊」という言葉を使って普通という意識や言葉と対比させることで，対比（C）の表を意識的に見られるようにした。

> ・文中に，「普通の生活ができそうなほど元気な人もいる」という記述があったが，普通の生活を基準としてしまうと，老人ホームでの生活は特殊なものとなってしまう。その理屈でいうと，さらには老人ホームは特殊な場所ということになってしまう。
> ・「息子夫婦に入るように言われて仕方なく入所した人もいるそうです」という部分から，老人が家にいられない場合は老人ホームが受け皿になっているという，社会のあり方がわかってくる。

また，対比（D）を見てみると，ただ文章を読んだだけではわからない「幸せ」に対するさまざまな意識が明確になってくる。

> ・「自分の家での生活」「家族の存在」「仲間の存在」「家族の仲がよいこと」「健康であること」の5つがそろった場合は人間は幸せで，その逆では不幸せな可能性が高いことがわかる。
> ・「家族がいない」人でも，「老人ホームで仲間がいる」ことで幸せを感じる場合もある。するとこの人にとって「家族がいない」状況のなかで

> 「一人で自分の家で暮らす」ことは不幸せだということになる。
> - 老人ホームにいても，健康で，家族の仲もよく，仲間が多い人もいるかもしれない。そうして考えると「老人ホームの入所＝不幸せ」という図式は成立しない。

このように対比からわかったことを組み合わせることで新たな発見をすることを，総合的な学習の時間では「創造」ととらえるべきであろう。「創造とは新しいものを生み出すこと」であるが，とくに何かをつくることではない。整理された情報を対比させていくことで気づいたことは，創造的な情報であると考えられる。具体的には，この4つの対比から，"私"は以下のことに気づいた。

> 私が気づいたことは，「普通」というのは，この程度ならよいだろうと人間が勝手に決めた基準ではないかというものです。私たちが生活している場所が普通だとすると，老人ホームは特殊な場所ということになってしまいます。ですが，老人ホームで暮らしていても幸せな人はいるし，社会に出て働いていても不幸せな人もいるはずです。
> 
> 人が年をとって体が不自由になっていくということは，生き物としてはごく普通のことです。体が不自由になった人が，老人ホームに入ってすごすということは，本当はとても自然で普通のことなのです。しかしそれを特殊だと感じることがあるのは，元気で体も自由に動く若者を中心にして物事を考えているからではないでしょうか。
> 
> 老人ホームで勉強をしてわかったことは，お年寄りを大切にしようということだけではありませんでした。私たちが生活する社会も老人ホームも自然で普通の場所だということは，この地球に特殊な場所などないということです。したがって，差別をするような特殊な人もいないということになります。
> 
> もしかしたら，最初は"お年寄りの面倒を見たい"という人を見下すよ

うな気持ちがあった可能性もあり，自分は特殊ではないという思いだけで安心していたかもしれないことが，今ではとても恥ずかしいです。

### (5) 演繹的な推論で新しいものを生む手がかりをもつ

演繹の考え方は，「A→BでB→CならばA→Cということがいえるだろう」というものである。この演繹の考え方どおりの発想をしても，それほど創造的だとはいえないであろう。なぜならいわゆる1つの論証の過程を経ているにすぎないからである。創造という新しいものを生む方法とはなっていないのである。

だが，「A→BでA→Cということがいえる場合，B→Cということがいえるのではないか」，または「B→CでA→Cということがいえる場合，A→Bということがいえるのではないか」という考え方をした場合，それが理論的に認められたときは，演繹的な推論に基づく創造的な発想だということができるであろう。

ただし，ここで注意しなければならないのは，あくまでも演繹的な推論をもとに情報を創造していくのは，新しいものを生むための手がかりにすぎないということである。推論した結果としての情報が正しいという保証はどこにもない。常にまちがっているかもしれないという意識をもち，情報の信憑性や確かさを検証していく姿勢が不可欠となってくる。そして最後にもう一度，「A→BでB→CならばA→Cということがいえるか」という視点で評価し，情報の関連性に矛盾がなければ問題がないということになるのである。演繹的な推論がまちがっている場合は，最初の「A→BでB→CならばA→C」という流れからまちがっているはずだからである。

では，実際の具体例をとおして，演繹的な推論をしていく様子を見ることで，正しいケースとまちがったケースについて確認していこう。

## 第6章 情報の創造

> **正しい演繹的な推論のケース**

A：老人ホームに入所した多くの人は，自分の家との環境のちがいから，適応するのに時間がかかることが多い。
B：とくに，入所当初はストレスを感じる人が多いようである。
C：だから，入所してすぐに認知症にかかる割合が高いというデータが出ている。

> たとえば，「老人ホームに入所した多くの人は，自分の家との環境のちがいから，適応するのに時間がかかることが多い」から，「入所してすぐに認知症にかかる割合が高い」ということがわかったとする。また調べていくうちに，「ストレスを感じることが多いと，認知症にかかる割合が高くなる」ということもわかったとする。こうした場合，「A→B」なのではないかということが予想されるはずである。
>
> だが，ここで気をつけなければならないのは，「老人ホームに入所した多くの人は，自分の家との環境のちがいから，適応するのに時間がかかることが多い」ことから，「入所当初はストレスを感じることが多い」ことがいえたとしても，ストレスの原因を「自分の家との環境のちがい」だけに限定しないことであろう。大切なのは，こうした思考をとおして，より確かな情報を生み出していくことなのである。

> **まちがった演繹的な推論のケース**

A：老人ホームに入所するすべての老人に，快適な老人ホーム生活を提供することはできない。
B：それは，全員に家庭とまったく同じ環境を調えることが不可能だからである。
C：したがって，今度入所してくる人も快適だとは感じないはずである。

> たとえば，「老人ホームに入所するすべての老人に，快適な老人ホーム生活を提供することはできない」から，「今度入所してくる人も快適だとは感じないはずである」という前提があり，その理由として「すべての老人に快適な老人ホームでの生活を提供できないのは，全員に家庭とまったく同じ環境を整えられないからだ」ということがあげられるとする。ここで「B→C」と演繹的に推論するのであれば，「老人ホームでは全員に家庭と全く同じ環境を整えることが不可能である」から，「今度入所してくる人も快適だとは感じないはずだ」となる可能性が高い。
>
> だが，ここで大切なのは，情報の信憑性に対する確認をすることである。たしかに老人ホームでは家庭と同様の環境を整えられないから，今度入所してくる人も快適だと感じない可能性はきわめて高い。だからといって，全員が快適さを感じないかというと，そうとは断定できない部分もある。なかには，家庭と同様の環境でないからこそ快適だという老人も存在するかもしれないからである。

> そもそも，ここでの論証を見ていくと，すでに「A→B」からまちがえているのである。たしかに全員に個々にあったニーズを提供して完璧な満足を提供することはむずかしいかもしれないが，それでも家での環境より快適な老人はいるという可能性は否定できない。「家だと同居している息子夫婦に気兼ねする」「亭主に先立たれて一人の生活は不安である」など，さまざまな条件を比較をした結果，老人ホームを選択するケースが十分に考えられるからである。
> また，すべての場合に「A→C」ということもいい切れるわけでもなく，必然的に「B→C」という理論も成立しないのである。一見正しそうな情報をよく吟味もせず鵜呑みにしてしまう場合があるので，注意をしていくことが肝要であろう。

(6) 帰納の過程で収集された事実を組み合わせて新しいものを生む手がかりをもつ

たとえば，①②③④という事実を証拠として，Aという主張を導き出すことができたならば，そうした推論の過程を帰納と呼ぶ。また，視点の異なる⑤⑥⑦⑧という事実から，同様にAという主張を導き出す過程も帰納である。すると，同じAという主張にたどり着いたという部分からみると，着目した視点がちがうといっても，①～④の事実と⑤～⑧の事実の関連性は深いことが予想される。このように一見仲間だと思われなかった複数の情報を組み合わせ，新しい情報を生みだしていくことも創造の1つだとして考えていく価値は十分にある。

実際に帰納的な推論をするために集められたいくつかの情報を組み合わせると，どのような新しい情報が誕生していくかを具体例をとおして見ていこう。

> **テーマ：老人ホームでの生活を快適だと感じる人の調査**
> 〈最初に収集された情報〉
> ①家にいても自分の持ち家でないため，息子夫婦に気兼ねすることが多かった。
> ②足が不自由で外出する方法がないため，自分の部屋にこもることが増え，ストレスがたまった。
> ③自分の好きな食事をリクエストすることを遠慮し，食べることも楽しくなくなっていった。

④自室が畳部屋ではなくベッドなので，寝ていても落ちる心配がつきなかった。
〈①〜④から帰納的にわかる主張A〉
　精神的にストレスがたまっていくと，自分の家とはいっても快適だと感じることがなく，それよりはストレスの少ない老人ホームを快適だと感じる場合がある。
〈続いて収集された情報〉
⑤老人ホームの食事はバランスがよく思ったよりもおいしい。
⑥ベッドで寝るようになっているが，落下防止の柵があり心配が軽減された。
⑦同じような境遇の人がいるので，親身になって話を聞いてくれる人ができた。
⑧介護福祉士さんだけでなくお医者さんも常駐しているので，健康面の心配もしなくてよい。
〈⑤〜⑧から帰納的にわかる主張A〉
　精神的にストレスがたまっていくと，自分の家とはいっても快適だと感じることがなく，それよりはストレスの少ない老人ホームを快適だと感じる場合がある。

　このように「①〜④の情報」と「⑤〜⑧の情報」とは，同じ主張Aに結びついているため，大きくかかわっている可能性があることがわかる。そこで前者の「自分の家に住むことが嫌な理由としての情報」の4つと，後者の「老人ホームが快適な理由としての情報」の4つを組み合わせみることで，新しい情報を生み出せないか吟味していった。すると，次のようなおもしろい発見ができた。

〈発見B〉
　「息子夫婦に気兼ねすることが多かった」ことから最初ストレスをためていたが，「他人でも親身になって話を聞いてくれる人ができた」おかげで，ストレスを軽減させることができた。人間にとっての幸せとは，ただ自分の家族や親族と一緒に生活することだけではなく，他人であっても自分のことを本当に心配し理解してくれる人がいることかもしれない。だから同じ立場でものを考えられる人がいるということは，家族と同様に大切

なものになってくることがある。

〈発見C〉
　有料の老人ホームといえども，自分の好きなメニュー中心の食事となることはないはずである。それでも，この老人はそこそこ満足感をもっている。だが，家にいて自分の好きな食事のメニューをリクエストできないということは，とてもストレスを感じる原因となるようである。ストレスの原因は自分の好きなものを食べられないということではなく，老人ホームならば諦めもつくが自分の家で好きなこともいえないという精神的な圧迫感である可能性が高い。

〈発見D〉
　家にいるときは，「足が不自由で外出する方法がないため，自分の部屋にこもることが増え，ストレスがたまった」とあったが，老人ホームに移ってからは，「介護福祉士さんだけでなくお医者さんも常駐しているので，健康面の心配もしなくてよい」というように，自分の体に対する不安が大きく軽減されている。すると足が不自由で外出しなかったのは，歩けないことはないが，自分一人で外出するのは転倒してケガをする可能性もあり，肉体的のみでなく精神的な不安が外出をひかえる原因になっていたことが考えられる。足が不自由なのであればリハビリをするという方法もあり，その効果について次は理学療法士さんに取材してみたい。

〈発見E〉
　「同じような境遇の人がいるので，親身になって話を聞いてくれる人ができた」ことで孤独や孤立感を感じることがなくなっただけでなく，「介護福祉士さんだけでなくお医者さんも常駐している」ことで専門的な相談にものってくれる環境になっている。だが家にいたのでは，ベッドから転

> 落することの心配も打ち明けられないほど，相談の受け皿がない。家族や家庭のあり方について再度考えてみる必要性を感じている。

これら〈最初に収集された情報〉と〈続いて収集された情報〉とを別々に見ていったのでは，両者の関連性から新しいものを発見することはむずかしいだろう。だが，帰納の過程で収集された事実を組み合わせて新しいものを生む手がかりをつくることで，今までになかった視点に気づくことがあるはずである。こうした新たな視点での気づきも，創造の1つのかたちであり，またそうした思考がさらに創造的なものを生む契機となる可能性も否定できない。

(7) ゴールのイメージから逆算して新しいものを生む手がかりをもつ

以前，NHKの番組でサッカーのJリーグの誕生秘話を伝えるものがあった。Jリーグ発足以前の日本リーグは，企業の運動部の要素が色濃い実業団リーグであったようだが，何人かが「日本にこんなプロサッカーリーグができたらなんとすばらしいことだろう」という気持ちをもち，その完成像を具体的なイメージとしてもったそうである。それは数百人という少ない観客の日本リーグから，数万人という観客のいる地域密着型のリーグへの転換のイメージである。

では，そんな華やかなプロリーグを発足させるためにはどうすればよいか，実際の動きは逆算の発想ではたらいたようである。たとえば，数万人収容のスタジアムをつくりたいが，そのための予算がどの程度かかるかを試算し，次にどうやってその予算を捻出していくかを考えていくのである。実際にこんなスタジアムをつくりたいという夢をもつところからスタートし，徐々に逆算の発想でやるべきことを考えることで，「どのような手順で進めていけばスタジアムを建設できるか」を決定していく思考方法である。

ただの思いつきで活動を重ねていく方法とはちがい，きちんとしたゴールが設定してあるので，やる前から無理だと決めつけることも自分の発想の域だけで思考することも少ない分，新しいものを生む可能性は高いと判断する。今までの学習経験や生活経験だけでなく，未習の知識や発想，考え方に遭遇する機

会ができることは，大きな財産であろう。具体例として，私が校庭に竪穴式住居をつくったときの取り組みを紹介しよう。

**総合的な学習の時間の学年テーマ**
多くの人と交流して，自分たちの視野を今までよりも広げよう。

**スタート時の子どもたちの様子**
「川の汚れを調べよう」「商店街の活性化を考えよう」などといったテーマよりも，かなり抽象的でなんにでも当てはまるようなテーマである。実際，川をテーマにしても商店街をテーマにしても，多くの人と交流することは明白である。ならば，多くの人との交流ということをあまり過度に考えず，「こんな取り組みをしたい」というゴールのイメージをもち，その取り組みの過程で人とのかかわりを深めればよいと判断するにいたった。そこで100程度の考えられる具体的なテーマを提示したところ，子どもたちは『竪穴式住居の建設』を題材として選択した。

だが動き出してみても，子どもたちはどこから手を付けてよいかわからない。そこで，写真や具体物，または絵という完成の具体的なイメージをもつところからスタートさせた。そして完成にいたるまでにどのような取り組みや物が必要かを考えさせる学習がはじまった。

**逆算の発想の実際**
①弥生時代の竪穴式住居をつくりたい（本による具体像をゴールとして設定した）。
②竪穴式住居の設計図をつくり，全員がその骨格を頭に入れる。
③わらで屋根を葺くようにする。
④必要な量のわらを集める（計算上だいたい軽トラック2台分となる）。
⑤横木をたくさん入れて，屋根の土台とする。
⑥横木となる材木を調達する（概算上だいたい200本が必要と見込まれる）。
⑦柱となる杭を8本打ち込む。
⑧杭は重くて扱いにくく，打つために専門的な人に頼む。
⑨杭を打つことができる人を捜す。
⑩柱となる杭を8本調達する。
⑪竪穴を掘る。
⑫穴のサイズを直径何mか決める（直径6mとすることに決定した）。
⑬穴を掘れるように草むしりをする。
⑭穴を掘る場所がそこでよいか校長先生に許可を取る。
⑮穴を掘る場所の候補をいくつか決めておく。

実際にスタートさせてみるとさらに詳しい情報と出会うことになるが，逆算

の発想をすることで何をすべきかが見えてきた。そして実際の作業は「⑮→①」の順で行うこととなったのである。そのなかで，次のような子どもの創造的な発想を見とることができた。

③「わらで屋根を葺く」ときに，屋根の板にわらを1本ずつ打ちつけることは不可能である。当時のように蘆を屋根として葺くことをしたかったが，実際問題としてその材料を集めることはできなかった。そこで子どもたちはわらを屋根につける方法を創造しなければならない状況になった。考え出したのが，わらの束を広げて，その上部を平板で打ちつけるというものである。それを下から何段にも重ねていくことで，屋根としてのボリュームを出すことに成功した。

　また，わらの束を屋根に打ちつける段階で，もう1つの問題があった。それは，わらをまとめて持って平板で打ちつけるときに，人の手でおさえることやトンカチで打つ振動のために，きれいに揃えられた美しい線が出ないことであった。子どもたちはいろいろ考えたり試行したりしていくことをとおして，横幅の長い平板の上にわらを載せてラインを整え，その状態でわらの上部を平板で打つというものである。

　ただ漠然と計画性もなく竪穴式住居をつくろうとしていたのでは，目標とする形に仕上げようとする意識が弱いため，別の物で代用していたかもしれない。だが，こういう物をつくりたいという確かで具体的なイメージがあったので，目標に向かって「なんとかしよう」という意識になり，それが上記のような創造性を生む結果になったと判断する。

⑥横木となる材木を調達しなければならなかったが，計算上だいたい200本が必要となることがわかった。だが，学校作業員さんに聞いても，校内にそれほど多くの木材はなかった。「自分の家に何本かある」という子もいたが，運搬過程で危険があることや本数がまったく足りないという理由でこの方法も除外しなければならなかった。

そこで子どもたちが考え出したのが，学校近くの建築途中の家々を回り，余った木材をいただくというものであった。最初は大した本数が集まらないと考えていたが，なかにはほかの現場から木材を運んでくださる大工さんもいて，最終的に200本集めることに成功した。もしも最初からこれほど多くの木材を集めることはむずかしいと決めつけ，サイズをかなり小さいものにしていたとしたら，こうした発想は思い浮かばなかったであろう。
　ここでの学習では，とくに新しいものをつくり出したわけではない。だが，現状で考えられる最高の方法を考え出したということは，1つの創造力ではないかと判断する。完成像というゴールをイメージし，その達成に向けていささかも妥協できないという意識が，ここでの創造性につながったと解釈している。

　このように，実際の完成像というゴールを設定し，具体的な作業や思考をしていくとき，逆算することで「何をすべきか」がわかる場合がある。あるものでやろうという意識が強すぎると，「何をすべきか」ではなく，「どの程度ならできるか」という思考になり，結局は壁にぶつかるたびに縮小の連続になってしまう。目標を設定しその具現化に向けた取り組みを逆算して考えたとき，たしかにうまくいかないことが多いだろう。だが，その「うまくいかないからこそ工夫しよう」「うまくいかないからこそ解決する方法を考えよう」とする意識が創造力を生んでいくのである。
　こうしたことが創造力を育んでいくということがわかった以上，教師をはじめとした指導者たちは，滅多なことで「無理だからほかのものにしたら…」と言うことは避けるべきである。創造の芽を摘む可能性があるからだ。

(8)　不可能な前提を可能な前提に変えて新しいものを生む手がかりをもつ
　子どもたちは何もチャレンジせず，多くの事柄に対して，実現不可能だと決めつけている場合がある。「どうせ無理でしょ」と口癖のように言う身近な大人の責任が大であろうが，それでも小さなころから「やっぱり無理だろうな」

という思考が定着していることは，未来を支える存在の子どもとしては，あまりにも悲しい姿である。

　そこで，無理だと考えられるような取り組みでも，「それは実現可能な取り組みである」というように前提を変え，そのためにはどうすればよいかを考えていくことが新しいものを生む契機になるというように，発想を転換させることが大切である。

　総合的な学習の時間で大切なのは，何も自分たちにできる範囲のことを確実に成し遂げることではない。小学校学習指導要領総合的な学習の時間編の「第2章　総合的な学習の時間の目標」にあるように，「問題の解決や探究活動に主体的，創造的，協同的に取り組む態度を育て」ることが大きな目標の1つなのである。換言すると，「どのような創造的なことをしたか」が大切なのではなく，「どのように創造的なことをしようとしたか」という姿勢が問われているのである。そうした過程を経て，もしも創造的な思考や取り組みができたとしたら，それはまたプラスαの評価になるであろう。

　では，実際に不可能だと考える前提を可能な前提に変えるということは，どのようなことであろうか。「川の汚染」について調べている子どもの活動例をとおして説明していこう。

　この子は川の汚染について，だいたい次のようなことがわかった。

---

　地域の中央を流れるN川の汚れを知るために，いろいろな視点から調べてみた。次にあげるのが，その具体的な結果である。

　まず，川に注ぐ生活排水の量の多さに驚いた。学区という範囲に限って調べてみると，なんと50もの数の配水管が川に向けられていた。汚ない水が直接川に流れ込んでいるので，川が汚れるのも仕方がないと感じた。

　つぎに，川に住む魚を調べてみた。いわゆるきれいな川に住むアユなどの魚は1匹も発見できなかった。代わりにいたのが，汚い環境でもなんとか生きられるというコイであった。昔はホタルも飛んでいたと祖母に聞いたことがあったが，汚れのひどさは実に残念なことである。

> つづいて，川岸のゴミにも注目してみた。川の水も汚いが，その周りに落ちているゴミの量もひどいものであった。勝手に100mという範囲を設けて数えてみると，空き缶が250個，空き瓶が80本，ビニールゴミ75枚などという結果であった。落ちているゴミのなかには，洗濯機や自転車もあり，マナーの悪さにびっくりした。

そして，この子が出した結論が次のようなものであったとする。

> N川は，川の水質だけでなく周りまで汚れていることがわかった。みんなで，このようなことがない社会にしていくことが必要だと感じている。

情報を選択したり処理したりすることは多少はできているかもしれないが，ただ川の汚れの現状を調べ総括しているだけの，大しておもしろみもない学習である。なぜなら，汚いという現状を受け入れ，それを悲観しているにすぎないからである。なぜ，このような情熱のないまとめになってしまっているのだろうか。

それは，この子が「N川はきれいにならない」という前提を最初からつくってしまっているからである。もとの姿に戻れないという設定を自分自身でしてしまっている以上，あとに残された学習の可能性というのは，ただ現状を調べるだけのものであろう。

だが，もしも不可能だと思われる前提を可能だと考えられる前提に変えたらどうだろうか。この学習は大きな変化を遂げる可能性がある。なぜなら，次のように考えて，N川についての再学習をスタートさせられるからだ。

> （A）N川に注ぎ込む生活排水を止めることができる。または，川に向かって突き出た配水管そのものを除去することも可能である。
> （B）N川にアユをはじめとした多くの魚を呼び戻すことができる。また，ホタルが飛び交う環境を取り戻すことも可能である。
> （C）川岸に捨ててあるゴミをゼロにすることも可能である。また，川の

第6章　情報の創造

> 近くにゴミのポイ捨てがないようにすることも無理な話ではない。

　（A）のように考えて学習をスタートさせた場合は，生活排水をなぜ川に直に流しているのかその理由を考えるだろう。その結果，排水の処理の仕方について問題意識をもつかもしれない。また配水管が川に突き出ている現実について，たとえば市役所などにその理由を問うことも考えられる。「排水を何とか川に流れ込まないようにする」ために出した解決策や結論は，たとえ視野が狭く子どもの域を出ていないとしても，大人には考えもつかない創造的なプランのはずである。

　（B）のような考え方も，必然的に創造的な思考を必要とするはずである。もしも大人であれば，「N川は汚染がひどく，ホタルどころか，アユを呼び戻すことすら無理だろう」と考えるだろう。いや，それどころか，ホタルやアユを呼び戻すという発想自体，思い浮かばないかもしれない。普通に考えても，それほど不可能で突飛なことのように映るだろう。だが，これを可能だという前提に変えたら，どうなるだろうか。アユやホタルが生息可能な環境を調べて，その環境に近づける取り組みを始めるはずである。子どもたちの力だけで無理であれば，大人の力を借りて実現させようと努力するであろう。私が以前テレビを見ていたとき，悪臭漂う汚水同然の川にホタルを呼び戻そうという取り組みをする大人が紹介されていた。そして，川のなかでもある限定された区域であるが，水の浄化に成功したのである。無理そうだと感じることでも，そこに「なんとかしたい」という意志がはたらいたとき，創造力が発揮されることであろう。

　（C）のような取り組みは，川のゴミをきれいにするマニュアルなどないため，自分たちでその方法を考え出さなければならない。ゴミを拾うための人材の確保・集まった人のゴミ拾いの分担・拾ったゴミの運搬方法・ゴミの分別方法など，その取り組み自体が創造的である。たとえば，ゴミを拾う人材を確保するためには，保護者に呼びかけたり，川沿いに住む住人に声をかけたり，回覧板をとおして地域に啓発したり，ほかのクラスにまで応援を求めたりしなけ

*145*

ればならない可能性もある。そして，そのなかのどの方法が最も適切なのかを考えなければならない。集まった人に対する的確な指示も求められる。直面する問題がすべてはじめて体験するものであり，「どうやって解決していくか」を考え出していくということは，創造性を生む力となっていくであろう。

　このように，不可能だと考えられる前提を可能だという前提に変えることは，未知なるものに立ち向かうことを意味し，必然的に創造性を発揮することとなる。大人が勝手につくった限界を子どもに対しても押しつけないことが肝要である。

(9)　成功モデルを参考にすることで新しいものを生む手がかりをもつ

　何も創造というのは，まったく新しいものを生み出すことだけではない。世紀の発見や発想をめざすゴールとしていたのでは，学習活動などとても成立しないからである。物理的または技量的にそこまでの取り組みは無理としても，ほかの成功モデルを参考にして，それと似た発想で考えたり取り組んだりすることができれば，「成功モデルと同様でなくとも，それに代わるまたは近づくものを生み出した」という意味で，創造性を培うことになるだろう。

　たとえば，地球の温暖化について学習している子が，実際に温度を下げる取り組みをめざしたとする。そうしたなかで，次のような情報をテレビから入手した。

> 　夏の間のニュースとして取り上げられていたものの1つに，打ち水作戦というものがあった。広い地域で打ち水をすることで，付近の気温を下げるというねらいである。この取り組みを活性化させるために，大臣までもが打ち水に参加して，PR効果もあってか，付近の気温を0.9℃下げることに成功した。広い地域で多くの人が参加したからこそ得られた成果である。

　この方法を試したいと思っても，なかなか子どもの力で地域の何千人という人を動かすことは困難である。そのための情報宣伝がむずかしければ，実際に

子どもが大人を動かすこともむずかしい。そこで，たくさんの大人の参加がむずかしいと判断した場合は，たとえば成功モデルをもとに，実際に打ち水の効果を検証してみることくらいは可能だと考えられるかもしれない。そして，その子は次のような方法で取り組んだ。

> 何しろ子どもの力だけでは，広い範囲に打ち水をすることも困難であり，たくさんの大人を一斉に動員することも困難である。そこで，コンクリートに覆われた場所に打ち水をすることで，実際に気温が下がる効果があるかどうかを試すこととした。
>
> 実験の場所として選んだのは，駅前のロータリーである。ここは一面がコンクリートに覆われ，立っているだけで暑いと感じる場所だからでもある。そこで駅長さんをはじめ自治会長さんにも許可を取り，実際に打ち水ができることとなった。
>
> 午後1時という最も暑い時間の気温を計り，つぎにロータリーという30人もいれば満遍なく打ち水が行き渡る場所に，一斉に打ち水を開始した。ちなみに，この30人というのは皆クラスメートで，バケツ一杯に満たした水でロータリー全域を濡らすことに成功した。
>
> 実験の結果，最初は31℃あった気温が何と30.7℃になり，0.3℃下げることに成功した。打ち水が一時ではあるが，気温を下げる効果があることがわかった。

広範囲での打ち水を参考にして，限定された範囲でも打ち水の成果を検証できたという事例である。こうした確かなデータを得た子どもは，そのデータを地域に向けて発信していけばよいのである。自治会の回覧板に載せることをお願いしたり，地域の掲示板を使ったり，一軒一軒回って成果を示すプリントを配布したりと。

そして，もしも地域に打ち水をするという習慣が定着し，実際に地域の気温を下げることに成功したとき，地域に住む人々は温暖化そのものにも強い関心をもつはずである。もともと都内での打ち水をモデルにした取り組みでも，小

さな成果を伝えていくことで大きな波になるということも期待できるという考え方である。

(10) 原因を追究する考え方で新しいものを生む手がかりをもつ

　情報というものは，しっかりとした意識をしていないとただ無条件に受け入れるだけで，自分のものとすることは困難である。それが信憑性のある確かな情報だとしても，大切なのは正しい情報を集めることではなく，その情報に対して「いかに自分がかかわっているか」という点である。自分から情報に対して主体的にかかわらないようでは，自分独自のとらえ方をすることなど不可能であり，創造力を獲得するにはいたらないであろう。自分独自のとらえ方をする方法の1つとして，ここでは原因を追究するという視点を提示しよう。

　原因を追究することとは，簡単にいうと，「ものの考え方や起こった事象に対してその理由や原因を繰り返し問うこと」である。繰り返し問うことをとおして，そのもののもつ真理に迫っていくことは必至である。その真理に迫る過程で，おそらく今まで考えもしなかった視点や発想と向き合うことがあるだろう。それは自分が予期した内容でもなければ，意識的にしろ無意識にしろ，自分でできそうだとして設定した範囲内のものでもないだろう。つまり，そこには自分からは設定しないような視点の課題が提示されている可能性があるのである。

　このようにして，自分の発想や予想の範疇を飛び出たとき，学習者は解決のための方法を新しく生み出さなければならない。その生み出す力こそが創造力であり，そうした解決のための方法を考えたり試行したりしている過程そのものが創造的なのである。では，原因を追究するとどのような新たな視点に出会えるのか，具体例を用いて説明していこう。

　次の例は，「地域の美化」のなかでも，公園の美化の現状について獲得した情報の1つである。とくに意識をしなければ，「ああ，なるほど，そんな状況なんだ」程度の情報かもしれない。

> つづいて，私は地域の公園の様子について調べてみた。私がとくに中心に調べたのはA公園である。それは，この公園が最も大きく，人がたくさん集まる公園だからである。
>
> 　A公園には，たくさんのゴミが落ちていた。ゴミの種類としてはお菓子の袋，ペットボトル，空き缶などが多かったが，タバコのポイ捨てが多いのも気になった。公園の真ん中は道となっているため，大人が通るときに捨てていくものなのであろう。
>
> 　それでも，ゴミの量はだいぶ減ったということを聞いた。それは毎週土曜日に，地域の人が清掃活動をしているからだ。私のクラスのT君もその清掃に参加しているということだった。彼に聞いてみると，「掃除をしていると，毎週ポリ袋5枚が一杯になるほどの量だ」ということであった。

　これは公園の美化の様子であるが，そのほかにたとえば，「図書館付近」「道路」「雑木林」「学校の周辺」等の現状を調べて，「このように，地域全体が汚れているということがわかりました。みんなの力でゴミのない地域をつくっていきたいですね。私たちも身の回りのできることから取り組んでいきましょう」という結論で締めるような学習活動をよく目にする。

　だが，この程度の結論では，収集した情報（事実）を並べたにすぎない。なぜ，このような通り一遍の取り組みになってしまうのだろうか。それは，収集した情報ごとに，「なぜこうなってしまったのだろうか」というこだわりをもたないからである。つまり，本気になって原因を追究しようとしないからである。もしも一つ一つ，起こった事象の原因を追究していたら，学習者が気がつかなかったような視点が明らかになり，それを解決するために創造力を駆使していたにちがいない。では，もしも原因を追究していたら，どのような学習の流れになっていただろうか。

　「A公園にたくさんのゴミが落ちていた」という事実に着目すると，たとえば次のような原因追究の流れが考えられる。

> Q：なぜA公園にたくさんのゴミが落ちていたのだろう？
> A：それは多くの人がこの公園を利用するからである。
> Q：なぜ多くの人が公園を利用すると，多くのゴミが出ることになるのだろう？
> A：人がゴミをポイ捨てしているのを見て，「自分もいいや」という考えになってしまうからだ。
> Q：なぜ，人のまちがったゴミのポイ捨てという行動を見て，自分も真似してしまうのだろう？
> A：それは，楽をしたいという気持ちが正しいことをしようという気持ちに勝るからだ。
> Q：なぜ，正しい気持ちよりも楽な気持ちが優先されてしまうのだろう？
> A：それは，人間という生き物が他の悪影響を簡単に受ける弱い存在だからである。

また，「タバコのポイ捨ての多さ」に着目すると，その原因を追究していく過程で，次のようなことに気づく可能性もある。

> Q：なぜ，タバコのポイ捨てがこれほど多いのだろう？
> A：自分の捨てたタバコが，それほど他人に迷惑をかけているという認識がないからである。
> Q：なぜ，自分の捨てたタバコのかすが迷惑をかけるという認識をもてないのだろう？
> A：ポイ捨てされたタバコがゴミとして汚いということのほかに，幼児が拾ってくわえたりしたら毒であり，火事の原因にもなるという事実に実感がもてないからである。
> Q：なぜ，危険だという認識をもてないのだろうか？
> A：自分一人くらい平気だという気持ちをもってしまう人が多いからである。

> Q：なぜ，自分一人くらいという気持ちをもってしまうのだろうか？
> A：それは人間という生き物が自分中心に物事を考えがちな弱い存在だからである。

　すると，タバコのポイ捨てをはじめ，公園を汚しているのは，結局は正しいことは何かを知りながらもそれを実践できない人間の弱さが元凶だということがわかってきた。つまり，公園という題材をとおして原因の追究を重ねていくことで，人間の生き方やあり方が環境に大きくかかわるという情報を創造するにいたったのである。

　またその過程でも，細かくその原因を追究することが可能である。たとえば，「ポイ捨てされたタバコがゴミとして汚いということのほかに，幼児が拾ってくわえたりしたら毒であり，火事の原因にもなるという事実に実感がもてない」という人の考え方についてである。ここで，「では，彼らにそうした実感を持たせたらどうだろうか」という仮説の元，彼らに「幼児がタバコの吸い殻を拾って口に入れてしまったために起きた事件」や「タバコのポイ捨てが火事につながった事件」を提示するという取り組みをしたとする。そしてその結果，A公園のタバコの吸い殻が激減したとしたらどうだろうか。そこからわかることは，その先に起こる事実を知らないかぎり，人間という存在は自分の犯している罪に対して実感をもてないという結論になる。

　こうした人間の生き方やあり方についてまで考えるということは，ただ情報を収集しているだけでは起こらない。原因の追究を重ねることが，自分にとって今までにない域を出ることになり，解決のために創造力を駆使する可能性が増すことは確かである。

## 2　創造力を奪う教師の言動

　子どもの創造力を奪う教師の言動として最も多いのは，「子どもを自分の思うようにしたい」という気持ちが強く，なんでも指示してしまうということで

ある。年間計画どおりに進めたいという気持ちもわからなくはない。年間計画というのは，こうすれば子どもが伸びるだろうという仮説をもとに考えたものであるから，それなりに妥当性があるものだろう。

　だが，子どもが教師の予想の範囲を超えた発想をもったり，新たな課題を見つけたりすること以上に喜ばしいことがあるだろうか。いわゆる年間計画の範囲を超えた内容を考えたということは，子どもの創造的な思考が働いたことである。創造的であるということは，知識や技能を習得していることは勿論，それらを活用する思考力・判断力・表現力も身についていることにほかならない。学習していく過程で，最も高い次元の学びのかたちなのである。

　そうした現実を，おそらく知らないのであろう。多くの教師が，創造力，つまり子どもの自由な発想を生かし切れていないことが現実である。授業参観に合わせて計画を練ることがあるため，ここまでの学習は終えておかなくては困るという事情があるかもしれない。子どもの言うとおりに活動していったら，１年間という期間では完結しないという予想のもと，本人のために助言しているつもりかもしれない。または教師自身が，その活動自体が不可能だと，親切心で最初から限界をつくってしまっていることも考えられる。

　だが，もう一度，ここで確認しておきたい。総合的な学習の時間のねらいとは，見た目にきれいな展示物を作成することではない。発表会で，まちがえのないような完璧な原稿をつくり，それを大きな声で堂々と読むことでもない。子どもが「楽しかった」という体験活動をたくさん用意し，保護者からの好評を得ることでもない。大切なのは，各教科で習得した知識や技能を関連づける活動をすることである。各教科で培った活用力を，教科を越えた課題を解決するという過程で，存分に発揮することである。また，各教科で学んだ活用力だけでは足りないような場合は，新たな活用力を獲得していくことにほかならない。

　横断的・総合的な学習や探究的な学習のなかで生まれた創造力は，これらの要素を網羅することが必至である。なおかつ，子ども自らが見つけた課題なり，活動なり，視点である。喜々として，獲得した知識や技能を関連づけていくで

あろう。主体的に情報を活用していく過程で，さらに高次元の課題や活動等を見つけていくという，よき循環がされることも大いに期待できる。まさに新しい学習指導要領が提唱する，"生涯にわたって生きる力"の獲得につながるものといえるはずである。

　だからこそ，教師は子どもの自由な発想をつぶしてはならない。もちろん，学習の流れに外れそうなときは，助言や指導が必要である。だが，学習の流れにしっかりと乗っているときは，決して教師の側から限界をつくってはならない。そして，子どもの発想を十分かつ的確に評価してあげればよいのである。ときとして，子どもは自分の発想の価値に気づかないようなときもある。そんなときは，教師がその価値を論理的に説明してあげればよい。論理的に納得および理解ができたとき，その思考の仕方をほかの場面で活用できるようになる可能性もあるからだ。

　このような現実にもかかわらず，実際に子どもから創造力を奪っている様子は目に見えないので，指導する教師が無頓着なことが多々ある。しかし往々にして教師が創造力の芽を摘んでいるのではないかという気持ちをもち，日々の実践に当たることが肝要であろう。それが，これからの未来を支える人間を育てる立場にいる，教師の責任といえよう。

# 第7章 情報の伝達

　情報を伝達するための手段としては，パソコンの画面や作成した資料の紹介などもあるが，ここでは音声で伝達することに焦点化して話を進めていこう。

　特定もしくは不特定の相手に情報を伝えるとき，たとえば，ただ調べた内容をノートに記述したものを読んだり，模造紙にまとめたものをそのまま読んだり，新聞形式にしたものを棒読みしたりしていたのでは，相手が興味関心をもって聞くことはできない。その結果，説得力に欠ける伝達になることは必至である。大切なのは，相手が聞きたいという気になる伝達をすることである。または自然と聞かなくてはならないという気分にさせることである。さらには自分自身も参加しているというような気分にさせることである。

　では，どのような点に留意すれば，相手は自分から聞きたい・参加したいという気持ちになるのだろうか。学習者が伝えようとしてまとめた文章の出来不出来も大いにかかわるが，そのほかにも次のような伝達の視点が大切な要素となってくる。このような方法がまた文章の内容を正確に伝える手助けとなるのだ。

> 1．被伝達者も学習に参加する方法を考える。
> 2．とくに伝えたい部分を焦点化し，その部分を強調できるような方法を考える。
> 3．情報の発信者が複数の場合は，その役割分担や伝達方法を工夫する。

# 1　被伝達者の学習への参加

　学習した内容を伝える方法とは，何も対面式で発表することだけではない。情報の発信者と受信者とが明確に分かれていて，なおかつ情報伝達の方向が「発信者→受信者」だけというのでは，聞いていて飽きてしまうということも予想される。とくに時間をかけて多面的な視点で学んだ総合的な学習の時間の発表としては尚更である。そこで次のように工夫して伝達（発表）することも，方法の1つとして付け加えておいてもよいだろう。

（1）　討論会やディベートといった参加型の伝達方法
　当然，あるテーマに基づいて学習した子が伝達するので，その子の話す内容が中心になるが，そのなかでもある部分で討論会やディベート等を導入することはできる。
　たとえば，老人ホームという課題を切り口に福祉について学習している子が，施設の実態や老人たちの様子について報告したとする。情報の受信者に対してある一定程度の内容を理解してもらいたいため，最初は調べたことやわかったことを伝達していくが，受信者がだいたい内容を理解した段階で討論やディベートを行うことは可能である。たとえば，「老人ホームは必要か，なくても何とかなるか」というテーマで議論することができる。賛成側としては，「核家族化で面倒を見るのに限界がある」という意見などが考えられ，反対側としては，「家族が最後まで世話をするのは当然だ」といった内容の意見も出てくるだろう。いずれにしろ，情報の受信者が途中で参加できる，つまり受信だけでなく発信の機会を得られるといった環境は，双方の成就感を引き出すであろう。
　ただ，こうした場面をどこに設定するかは，学習者がよく考えなければならない。出たとこ勝負で議論する場を設定するのではなく，「どの場面で議論すれば聞いている側も成就感を得られ，自分の学習した内容を伝達するのに効果があるか」がよく吟味されていなければならないのである。つまり，そうした

場の設定を適切に導入することも含めて，全体のバランスを考えることも伝達力といえるであろう。

(2) プログラムアドベンチャーを導入した参加型の伝達方法

情報の伝達者と被伝達者とがチームを組み，教室を離れて，学習者つまり情報の伝達者が自分の学習の軌跡（過程）を伝えるという方法も考えられる。

どうしても，教室のなかという限定された空間での発表だけでは，自分の学習のすべてを紹介することがむずかしいという場合がある。とくに総合的な学習の実践では，地域が学習フィールドとなることも多く，実際に地域の様子を見ながら伝達しなければ，正確にまた切実感をもって理解してもらえないということが考えられる。

そこで教室という空間に固執するのではなく，教室以外の場所も含めて学習の軌跡や成果を伝える場の存在も必要になってくる。たとえば，そこが商店街や公園だったり，公民館や図書館であったりするだろう。そうした場を意図的に設定することにより，学習内容をよりしっかり伝えるということが，プログラムアドベンチャー（設定された冒険）のねらいである。

では，具体的に情報を伝達する際に活用するプログラムアドベンチャーには，どのようなものがあるのだろうか。「商店街の活性化」という課題で取り組んだ子どもを例に，その実際について説明していこう。

**子どもがプログラムアドベンチャーを活用する動機**
　A君の学習課題は，「商店街を活性化させる」というものである。自分が調べたり，取り組んだりした成果を発表（伝達）することとなったが，教室だけでは取り組みの実際を紹介することはむずかしいと判断するにいたった。商店街の様子をビデオに収めたり，商店主とのやり取りを劇にしたりしてみたが，切実感や現実感が十分に伝わらないのである。それならば，実際に外に出てみて，そこで発表するほうがより効果的に伝えられると判断した。

**プログラムアドベンチャーの流れ**
1．取り組み過程の全容を説明…**[教室]**
　「どのような計画で商店街の活性化という課題に取り組んだのか」「学習

の仕上げに向けてどのような仮説をもってのぞんだのか」など，じっくりと聞いてほしかったり，表や図を用いて伝達する必要があると思ったりしたものについては教室で説明した。
2．ほかの商店街との比較…［**パソコン室**］
　つぎにパソコン室に移動して，ほかの商店街の情報について，インターネットを利用して検索した。ほかの商店街と比較することで，「自分の地域の商店街が活性化していないのは，まとまった駐車スペースが少ないからではないか」という仮説を説明するためである。
3．商店街の歴史について説明…［**図書館**］
　図書館に行くと，商店街が誕生した歴史のわかる資料がある。とくに，30年前に商店街がスタートしたときの写真は，路上駐車が平気で行われていたことを示す資料であり，わざわざ駐車スペースを確保しなくても商店街での買い物に支障がなかったことを表している。この写真資料は持ち出し禁止のものであるため，図書館まで来て説明する必要があった。
4．駐車スペース確保の努力…［**商店街**］
　実際に商店街の組合をあげて，駐車スペースを確保している取り組みを現地で説明する。実際の駐車スペースを見てもらったり，組合長さんの話を聞いたりする機会を設定する。だが，それでも駐車スペースが足りないという現状を伝え，学習者が考えたプラン（路上駐車場など新しい駐車スペースの確保など）を提示する。そのプランに対する商店街の反応なども，現地で直接聞く機会も設定する。
5．学習の総括…［**教室**］
　学校に戻り，今回の学習における成果と課題を伝える。成果は自分の立てた仮説が正しいということであるが，課題は駐車スペースを確保するプランが現実味を帯びておらず，実現がむずかしいプランであったという点である。

　このように，「教室→パソコン室→図書館→商店街→教室」と場所を移動させて学習内容の伝達を行ったわけであるが，どれもその場所でなければならなかったということに意味がある。そうした学習の場合は，プログラムアドベンチャーを導入した伝達方法を用いることも選択肢の1つとして考えられるであろう。


(3)　ともに製作するといった参加型の伝達方法
　製作物を見せながら，取り組みの過程を説明するといった伝達のケースは多

いだろう。たとえば，作成した大凧を見せながら大凧の歴史や製作の過程を説明したり，太古に存在した恐竜の模型を見せながらその生態を説明したりするといった類のものである。

　だが，これらの学習には１つの問題点がある。それは製作物をつくった学習者の意識とその説明を聞く側との意識に，大きな隔たりがあるということである。学習者は，精巧なまたは巨大な物をつくったということで高い学習意欲をもっているが，それを見たり話を聞いたりする側の人間に，同様の情熱をもてというほうが無理である。また製作の過程を聞いても，聞いている側は「理論としてはわかるが，自分がつくったわけではないので大変さを聞いてもなかなか実感がもてない」というのが正直なところであろう。

　そこで，伝達者と被伝達者との意識を近いものにするため，造形物の一部を共に製作するといった方法も考えられる。どの過程を一緒に体験するかは学習者の意図によるが，いずれにしろ製作の一端を自分が担ったという経験は，学習者の取り組みの過程だけでなく，意欲や情熱までも共有する可能性が出てくるはずである。

　では，"ともに製作する"こととは，実際にどのような取り組みであろうか。私が子どもと一緒に実際に建てた「竪穴式住居」の製作を例に説明していこう。

### 竪穴式住居を見せながらの通常の説明
　竪穴式住居を校舎の裏につくったので，その場所での説明となった。材料の調達，竪穴掘りの苦労，柱の打ち方，横木の入れ方，藁の葺き方などを説明しながら，竪穴式住居の内部を案内するといった方法を取った。だが，被伝達者は自分の手でつくったわけではないので，ただ説明を聞くだけであり，苦労を実感するのでも完成を感動するのでもなく，結局は受け身のまま情報を受信するにすぎなかった。そこで，被伝達者にもっと主体的に，もっと意欲的にかかわる方法はないかという反省や課題が残った。

### 新しい参加型のプラン
1. 最後の頂上の藁を葺く場所だけ残しておく
　　梯子をかけながら，一緒に藁を葺く作業を１時間程度行う。被伝達者は藁を葺くという作業をとおして，柱がどのように打たれ，横柱の強度を保つためにどのような工夫が施され，また横木がどれほど多く使われている

> かを知るだろう。また藁一本までどれほど大切かを理解するはずである。最後に穴があいた部分を藁でふさいだときには，自分も竪穴式住居の作成にかかわったことを感じるはずである。また最後の完成の段階を共有することは，製作全体の過程までもある程度類推させる効果ももっている。
> 2．固い地面を掘る作業を体験してもらう
> 　地面を掘るという作業は，竪穴式住居を製作するうえで最初の作業であるとともに，最も大変なものでもある。この穴掘りを体験することで，1つの作業の大変さを理解してもらえるだけでなく，すべての作業の大変さを類推してもらえる可能性も高い。

## (4) 被伝達者も実験・観察等をするといった参加型の伝達方法

　調べたことを聞いても，実際に体験したり目で見たりしたものでないと，なかなか実感のもてないものである。たとえば，川の水質について調べたことを聞いたとしても，自分が目で見たわけでもなければ実験に参加したわけでもない場合は，川の汚れに対して具体的なイメージをもつことは，とてもむずかしいことであろう。

　そこで，被伝達者が実験に参加できるとしたらどうだろうか。学習者が川の上流・中流・下流の水を採取したとする。自分でも当然水質検査を行うわけだが，同様の経験を被伝達者にさせるのである。実際にその川に行かなくても，採取した水を調査するという経験は，情報を主体的に受信しようとする意欲へとつながるはずである。

　それは，BODテストやCODテストのように厳密なものでなくても，リトマス試験紙のような簡単なものでもよい。自分から進んでかかわるという経験を一部でももつということは，必ずやほかの情報に対しても主体的に獲得しようとする意欲へとつながるであろう。

　ところで，からだを使うことを軽視するとどうなるかという点について，和田修二は次のように指摘している。「今日の子どもが体格はよいが体力がない，発想が平板で対話が不得手である，対人関係や社会的行動が未熟で，他人を思いやったり，状況を判断する力のない者が増えているということは，今日の子どもの生きられたからだに異変が起こっているためだと考えることができる

(57)」。和田の考えを逆に考えてみると，被伝達者がからだを使って参加するというかたちは，対話を円滑にし，状況を判断しながら情報伝達することも可能にすることを示唆している。実験や観察等で一緒に参加するという方法は，こうした意味でも価値があるのである。

(5) 被伝達者から獲得したデータを意識的に活用するといった伝達方法

　データを集める方法として，アンケートの記入を依頼したり，自分がそのなかにかかわって実態を調査するといった参与観察をしたり，聞き取り調査等をしたりと，対象が人間である場合が多い。また人間は人間でも，同級生をはじめとして，同じ学校の児童を対象にデータを収集するといったケースは十分に考えられる。

　学習者の発表を聞いたとき，そのなかのデータに自分のことが入っていたらどうだろうか。または，事前に自分に関するデータが生かされていると知らされていたらどうだろうか。おそらく，どこかの場面で自分のデータが使われた場合は，より意欲的にまた意識的に耳を傾けるであろう。なぜならそこには，共に学習を構築したという一体感が生まれているからである。市川伸一はこうした心理について，「他者との親和的な関係に引き込まれてやる気が出てくる(58)」といっている。学習者と共に自分も学習にかかわったという気持ちは，学習者の学習成果を聞く際にも，前向きに聞こうという姿勢として反映されるであろう。

　このように，自分のデータが学習のなかで生かされているという実感をもったとき，被伝達者はその発表に対して主体的に該当する情報にかかわっているわけである。こうした意図的な仕掛けも，間接的にではあるが，被伝達者がその発表に対して参加したといえるのではないかと考えている。

　**学習課題**
　給食の残飯から見る食に対する子どもの意識

> **児童から獲得した情報**
> - 給食で残すことの多いメニューについて（アンケート用紙）
> - なぜ給食を残すのか，その理由について（直接該当する子へのインタビュー）
> - 給食を残す子の給食時間での食べ方について（実際に給食を食べている様子を観察）
>
> **獲得した情報の生かし方**
> - 給食で残飯の多く出るメニューの上位をグラフで提示する。
> - 給食を残す理由についてのインタビューを模造紙に書いて提示する。
> - 残すことが多い子が給食をどのように食べているか，観察してわかったことを口頭で伝える。

このような情報の生かし方をした場合，インタビューを受けたりアンケートに協力したりした子は，その発表をとおして自分のデータがどのように生かされているか気になるはずである。また自分のデータと他者のデータがどのようにかかわっているのか，またどのような差異があるのか，その関連性についても興味関心が高いはずである。

## 2 とくに伝えたい部分の焦点化

前述したように，ただ学習した内容を文章にし，それを読むという方法だけでは，なかなか相手に効果的に伝わらない。学習者はその学習課題に長期間取り組み，内容の詳細まで熟知しているだろうが，被伝達者にとってみると初めて耳にするだけでなく，たった1回限りということが多いため，伝達者にも工夫が必要である。

そこで，すべての情報を同列に扱うのではなく，大切な部分は強調するといった工夫が求められてくる。たとえば次のような方法を取れば，焦点化させることは可能であろう。

- とくに伝えたい部分をグラフや表にする。
- 活動の過程を記録した写真やデジカメの画像を効果的に用いる。
- 説明の途中にビデオによる映像を挿入して，具体的なイメージをもつため

の補足とする。
- 紙芝居や寸劇などを入れて，再現が必要な場面での補足とする。
- パソコンのパワーポイント等を活用し，大切な部分を文字として提示する。
- 説明する内容を全て映像化し，1本のドキュメンタリー映画のようにする。映画を流しながら，とくに伝えたい部分について補足説明を加える。
- 話術を工夫して抑揚をつけるなどの工夫をする。
- たとえば，川の始まりから終わりを説明する場合は，簡単な造形物を作成し，具体物を提示しながら説明する。

## 3　役割分担や伝達方法の工夫

　総合的な学習の発表会でよく目にする光景のとして，1つの文章を数人で分担して読むというものがある。ある学習課題に数人のグループで取り組んだ場合は，全員に発表の機会を与えることが平等だと考え，読む箇所の分担ということになるのである。活躍する場面を均等にしようという子どもなりの配慮であろう。

　だが，そうした配慮も，情報を受け取る側にしてみるとあまり意味がない。その文章が段落の切れ目に来たときに読む人が変わったとしても，伝達する側には機会均等というねらいがあることに対して，聞く側は逆に人が変わることにより聞きにくくなるということも考えられるからである。複数で発表する場合には，「このような理由でこのような役割分担をする」といった必然性がなければ，聞く側の意向を無視することとなる。

　そこで，次のようないくつかのプランを考えた。このような方法で発表するとしたら，役割分担をする必然性があるといえるであろう。

### (1)　ニュース番組式の分担方法

　最近では，アナウンサーが一人で原稿を読むのではなく，数人で役割分担をしながらニュースを効果的に伝える方法をとっている局が多い。情報の質を分

けることで，それぞれが自分の担当する部分の情報を発信するのである。総合的な学習の成果を発表をする際にも，この方法は活用できると考える。

たとえば，情報の質ごとに担当を分けるとすると，次のようになるであろう。

- 学習した内容を流れにそって説明していく役割…ニュースキャスター
- とくに強調したい部分を詳しく伝えたり見解を述べたりする役割…大学の先生，博物館職員など
- 学習内容の妥当性を冷静に分析する役割…解説委員など
- 学習内容に関連した詳細なまたは発展的な事実を伝える役割…特派員など

4つの役割に分担すると，各担当を1人ずつであれば4人で，各担当が2人ずつであれば8人で発表することができる。また聞いている側も，情報の質ごとに分けられた分担から発信された情報なので，整理しながら聞くことができる。

では，具体的な原稿をとおして，分担の様子を確認してみよう。

**ニュースキャスター：**
　それでは，本日の特集「なぜ給食の残飯が減らないのか」についてお届けします。給食の残飯は各クラスごと必ず出ています。まったく残飯が出ていない日はありません。今日も残飯もたくさん出ているのでしょうか。現場のTさん。

**特派員のTさん：**
　こちら現場のTです。今，給食室まで来ています（実際には来ていないが，来ているかのようにキャスターの横で演技をする）。今日の給食の残飯は，パンが大きなバケツに2つ，シチューの残りが大きな食缶に3つ，手をつけていないミカンも何十個と見られます。もったいないという言葉では片づけられないほどの量です。栄養士さんに聞いてみると，今日はそれでも少ないほうだということです。

> **ニュースキャスター：**
> 　大変な残飯の量ですね。なぜこれほど多くの残飯が出るのでしょうか。その理由を食物大学の教授に聞いてみましょう。
> **大学の先生：**
> 　はい，給食を残すことについては，いくつかの原因が考えられます。1つは好き嫌いの増加でしょう。嫌いな物は食べなくてもよいという方針の家庭もあるそうなので，そうした環境では食べ物を平気で残す子どもが誕生するのは当然でしょう。2つ目には外遊びの不足があげられます。元気に外で遊ばない子が多いので，お腹もすかないのです。3つ目には残すことを悪いことだと感じない子どもが増えていることがあげられます。
> **ニュースキャスター：**
> 　なるほど，この3つの理由は，きっと本校でも当てはまることでしょう。そうしたことを聞いて，解説委員のSさんはどのように考えられますか。
> **解説委員のSさん：**
> 　実は先日，調理員さんと話をしたのです。当然，給食の残量についてです。すると，こんなことを言っていました。「子どもの体を考えてバランスのよい献立を心がけているのですが，どうしても野菜の残量が極端に多いんです」と。家庭では好きな物だけを食べさせる傾向があり，野菜を残すことをなんとも思わない子が増えている現状では，悲しいですが当然の結果と言えるでしょう。また，夏の暑さで外遊びを避ける子が多い日には，さらに残量が増えているようです。いったい，子どもの食がこのままだとどうなってしまうのでしょうか。とても心配です。

　こうした分担をするということは，また聞く側にある程度の予想をさせるという効果がある。たとえば，次に特派員の話がある場合は「関連する別の情報が提示されるのではないか」，解説委員の話がある場合は「ここまでの内容をまとめるのではないか」といった具合にである。次の情報を予想できるということは，精神的にも情報を的確に受信する準備をすることになり，内容を理解

するうえでも大きな効果が期待できる。

### (2) 展示コーナー分離式の分担方法

　博物館やモーターショーなどのアトラクションに出かけると，それぞれの展示ブースごとに分かれ，そこで説明を受けることがある。それぞれのブースごとに専門の係員がいるため，細かい説明を聞くことができるだけでなく，専門的な質問をすることも可能である。一箇所ですべての説明を聞くような形態では，ある説明についてもっと聞きたい場合でも，説明者が次の説明に移ったとしたら，前の情報についてフィードバックして聞くことはむずかしい。つまり消化不良となる可能性があるのだ。だが，各ブースごとに情報を受信することが許されている環境では，自分が納得するまでその場所にとどまることが可能である。

　この方法を総合的な学習の発表で活用するとしたら，どうだろうか。たとえば，「川の一生」という課題で取り組んだグループがあったとする。大きな川の模型をつくり，『上流』『中流』『下流』というブースを横につくって説明するのである。被伝達者は『上流→中流→下流』という流れでも，また『下流→中流→上流』という流れで聞くこともできる。また，それぞれの場所で必要な情報を効率的に獲得することもできる。こうした分担方法は，必要な情報の獲得の時間や順序等を被伝達者の意志決定に任せられるという利点も含んでいる。

### (3) パネルディスカッション式の分担方法

　ある課題や問題について，対立する意見の代表者たちが，みんなの前で議論を交わし，その後聞き手にも参加を求めるといった討論形式がパネルディスカッションである。この場合の役割分担は，議論を進行させる司会者，問題提起を行うパネラー，対立する意見を述べる討論者であるパネリストの3つである。人数的には4～6人程度が考えられる。

　たとえば，川の汚染を調べることを課題としているグループがあったとする。そのなかで，家庭用排水が最も川を汚染しているということがわかった。取り

組みの結果，家庭用排水を川に流さないということになれば理想的だが，現実的には排水として流さなければ川沿いにある各家庭の生活は成り立たない。つまり，どちらの結論になっても，問題は残るのである。そうした場合は，とくにパネルディスカッションにする意味がある。双方の立場のちがいが明確であり，またどちらが正しいとも言い切れない課題だからである。

---

司会者：
　では，家庭用排水が川に流れ込んでいることの是非について，パネルディスカッションを始めます。パネラーの方は，家庭用排水を川に流すことの問題，家庭用排水を流せないことによる問題を説明してください。

パネラー：
　家庭用排水を川に流すことについては，ここ数年大きな議論の対象となっています。実際に排水は，川を汚す大きな原因になっているわけですから，流さないほうがよいに決まっています。しかし，下水道が完備していない現状では，目の前の川しか排水を流す場所がないのです。川に流してはいけないということになれば，それらの家庭の生活は成り立ちません。つまり，どちらを取ってもなんらかの問題点は残るのです。
　パネリストの皆さんは，排水を川に流すことに反対する側と，現状では流すこともやむなしとする側とに分かれています。まずは，反対の立場を表明している側から，その理由を述べてください。

パネリスト：
　では，反対の立場から意見を述べます。

---

このパネルディスカッションは，あらかじめリハーサルされた，ある意味で仕組まれたものである。それぞれのパネリストの意見も，事前に確認されたものである。だが，こうした双方の立場にそれぞれ妥当性がある場合は，このような方式は適当であろう。話を聞いている側は双方の立場を明確に理解でき，また自分もその議論に参加できる可能性があるからだ。

(4) フォーラムディスカッション式の分担方法

　フォーラムディスカッションとは，1つの問題に対して出された提案をみんなで討論しあい，その後多数決で賛否を決めるという方式である。いわゆる子どもたちが学級会等で物事を決めるときに採用している形式である。総合的な学習の発表では，これを模したかたちで伝達するという方法も考えられる。つまり，あらかじめ決まったストーリーのもと，フォーラムディスカッションを演じるのである。被伝達者はいろいろな意見が出てくる様子を見ることができ，また採決の場面では自らも意志を表明することが可能である。そうした点では，被伝達者も参加できる方法として，高い関心をもってのぞむことができるであろう。

---

**司会者：**
　（前略）X公園がゴミで汚れている様子はよくわかりました。それでは，今後どのような方法で公園をきれいにしていくか，誰かよい考えはありませんか。

**学習者Aさん：**
　私は地域の方に呼びかける方法がよいと考え，それを実践しました。X公園は第1自治会のなかにあるので，まず最初に自治会長さんにお会いしました。「X公園のゴミの汚さが気になる」という話をしたところ，毎週土曜日の午前中に声をかけてゴミ拾いをしてくださることになりました。私も3回ほど参加しましたが，段々と公園がきれいになっていくことがわかりました。今でも自治会の取り組みは続いているそうです。

**学習者Bさん：**
　私は同じ地域に呼びかける方法でも，回覧板に『X公園クリーン作戦』という記事を定期的に載せていただくようにしました。記事は，毎月私が中心となって書きますが，先日は「記事を見て私も公園を通ったときにゴミ拾いを心がけています」という返事をいただき，とても嬉しかったです。定期的な掃除を強制するよりも意味があると思いました。

> **学習者Cさん：**
> 　僕は，まず自分たちから実践することが大切だと思い，毎週総合的な学習の時間に，X公園の掃除に出かけました。僕たちの様子を見て手伝いに参加される地域の方も何人かいらっしゃって，主体的な取り組みが輪を広げることを実感しました。
> **司会者：**
> 　それでは，今後クラス全体で継続していく取り組みを決めたいと思います。まずは，今後もすべての取り組みを行っていくか，またはどれかの方法にしぼって美化の取り組みを行っていくか，採決を取ります。

　ここでは，フォーラムディスカッションという形式を取りながら，各自が調べたり，取り組んだりしたことを自然に発表できている。またその発表を聞きながら，被伝達者は自分の意志を明確にしようとし，その結果主体的に参加する結果となっている。伝達者にとっても，被伝達者にとっても，高いモチベーションを維持できる分担方法であろう。

### (5) 演劇式の分担方法

　その場で演じる劇や人形劇，または紙芝居なども分担を必要とするが，なんでもかんでも演劇スタイルがよいというわけではない。取り組みの実像を演劇にして表現したほうがイメージしやすい場合に活用されるべきである。したがって，上記のような，「公園の美化」という課題にはそぐわないであろう。地域の公園の美化という題材は，わざわざ演劇にしなくても，容易に具体的なイメージをもつことができるからである。

　演劇式で表現するとしたら，たとえば，「老人ホームでの交流」などが考えられる。老人ホームの存在は知っていても，実際になかに入った子は少ないことが予想され，なかなか具体的なイメージをもちにくいからである。入所されているおじいさんやおばあさんの役を子どもがこなすことで，被伝達者も内容をよく理解することができるであろう。なぜなら演劇は感情移入させることが

できることが特徴だからだ。老人ホームの概要を知らせるだけでなく，ここでのねらいは入所者の気持ちを伝えることでもあり，この方法はそうした目標と合致していると考えられる。

# 終章　これからの「総合的な学習」への新たな期待

　PISA ショックという言葉をよく耳にする近年であった。国際学習到達度調査のことであるが，その結果が予想外に低く，平均得点の国際比較を見ると，科学的リテラシーが第6位，数学的リテラシーが第10位，読解力にいたっては第15位という，惨憺たるものであった。学んだことを活用することが苦手だというだけでなく，とくに読解力の低迷からもわかるように，言語力の不足は目を覆うばかりである。

　この結果に慌てた文部科学省が，"1丁目1番地"だと強調するように，新しい学習指導要領では「言語活動の充実」を重点化してきたが，なんのことはない，稚拙な言語活動の実態は，現場にいる教師であれば誰でも知っていることであった。

　新しいクラスを担任する4月。子どもたちになんらかの意見や感想を求めることがあるが，その口から出てくるのは，限られた単語ばかりである。語尾に「〜です」「〜ます」が付けば，まだよいほうである。場合によっては，さされても立ったまま黙り込むという状態の子が多いというのが実態である。人間は，言語で思考する動物である。身についている言語が貧困だということは，思考力も貧困だということになり，とても活用力まで望めるわけがない。

　今から数十年前であれば，まだそれでもなんとかなったであろう。会社では終身雇用という考え方が一般的であり，社会の変化のスピードが現在ほどではないので，指示された仕事さえやっていればそれで済むという部分が多分にあったからである。

　だが，現代社会では，そうはいかない。私たちは，人生のサイクルよりも社

会のサイクルのほうが短いという，いまだかつてない時代を生きることになったからである。自分で物事を考え判断していかないと，社会人として生きていけない時代へと突入したのである。ただ知識や技能をもっているだけでなく，それらを活用できる人間が求められる時代になったといってもよいだろう。

それに対して，教育現場では，社会の現状を真摯に受け止めることをしなかった。従来のように，知識や技能の獲得を最重視してきたのである。そうした姿勢が積もり積もって，2006（平成18）年のPISA調査の低迷となったのはいうまでもない。

だが，まだ間に合う。原因がはっきりしているからだ。要するに，言語力を重視しながら，学んだことを活用できるような術を身につけさせていけばよいのである。ただし，各教科の指導のみで行うのは，自ずと限界がある。やはり勉強が苦手な子は，限られた時間数のなかで基礎的・基本的な知識・技能を習得するだけで精一杯だからである。

そこで，この総合的な学習の時間が必要となってくる。現場や保護者からは不要論が出てくることが多いが，この時間は活用力を鍛える時間そのものである。本書では，情報活用の過程を探究的な学習における子どもの学びとして位置づけたが，とくに言語活動を重視した記述とした。言語活動さえしっかりしていれば，それを活用する思考へと結びつけることはむずかしくないと考えたからである。言語活動をベースにした活用力の獲得は，体験活動があろうがなかろうが，そのほかの場面でも必ず生かすことのできる汎用性のある力となるはずである。

それでは，これから何が問われているのであろうか。それは，教師の姿勢である。今こそ現場の教師が総合的な学習に目を向け，生涯にわたって活用できる力を確実に子どもたちがつけられるようにしていくのである。そうすれば，各教科の指導も知識や技能偏重から，活用力重視へと自ずと転換されていくことであろう。本書をもとに，そうした意識改革がされれば，幸いである。

# 引用文献・資料

（1）ジョン・デューイ，市村尚久訳『学校と社会・子どもとカリキュラム』講談社，1998年（原書は1915年刊行），73頁
（2）文部科学省『小学校学習指導要領解説 総則編』東洋館出版，2008年，3頁
（3）文部科学省『小学校学習指導要領解説 総合的な学習の時間編』東洋館出版，2008年，10頁
（4）文部科学省『小学校学習指導要領解説 総則編』東洋館出版，2008年，19頁
（5）文部科学省『小学校学習指導要領解説 総合的な学習の時間編』東洋館出版，2008年，9頁
（6）西岡正子編著『生涯教育論』佛教大学通信教育部，1999年，81頁
（7）文部科学省『小学校学習指導要領解説 総合的な学習の時間編』東洋館出版，2008年，36頁
（8）同上，13頁
（9）同上，50頁
（10）同上，89頁
（11）同上，34頁
（12）同上，90頁
（13）同上，90頁
（14）同上，28頁
（15）堀田龍也・椿原正和編著『知ってトクする情報教育の基礎基本』明治図書，2001年，12頁
（16）和田修二『教育的人間学』放送大学教育振興会，1994年，41頁
（17）野矢茂樹『論理トレーニング』産業図書，1997年，41頁
（18）同上，67頁
（19）同上，68頁
（20）同上，68頁
（21）同上，72頁
（22）同上，89頁
（23）文部科学省『小学校学習指導要領解説 国語編』東洋館出版，2008年，21頁
（24）同上，41頁
（25）同上，65頁
（26）同上，90頁
（27）文部科学省『小学校学習指導要領解説 算数編』東洋館出版，2008年，21頁
（28）文部科学省『小学校学習指導要領解説 生活編』日本文教出版，2008年，65頁
（29）文部科学省『小学校学習指導要領解説 算数編』東洋館出版，2008年，22頁
（30）三輪眞木子『情報検索のスキル』中央公論新社，2003年，188頁
（31）文部科学省『小学校学習指導要領解説 国語編』東洋館出版，2008年，62頁
（32）和田武・崎田裕子監修『21世紀こども百科 地球環境館』小学館，2004年，59頁

(33) 文部科学省『小学校学習指導要領解説 総合的な学習の時間編』東洋館出版，2008 年，6 頁
(34) 前掲（32），32 頁
(35) 前掲（30），186 頁
(36) 文部科学省『小学校学習指導要領解説 国語編』東洋館出版，2008 年，11 頁
(37) 前掲（32），80 頁
(38) 前掲（17），71 頁
(39) 文部科学省『小学校学習指導要領解説 国語編』東洋館出版，2008 年，35 頁
(40) 藤川吉美『判断の論理学』慶應義塾大学出版会，2003 年，79 頁
(41) 多鹿秀継・川口潤・池上知子・山祐嗣『情報処理の心理学』サイエンス社，1992 年，86 頁
(42) 波頭亮『思考・論理・分析』産業能率大学出版部，2004 年，182 頁
(43) 前掲（17），3 頁
(44) 同上，3 頁
(45) 同上，4 頁
(46) 同上，4 頁
(47) 同上，5 頁
(48) 同上，5 頁
(49) 同上，15 頁
(50) 同上，15 頁
(51) 同上，16 頁
(52) 同上，17 頁
(53) 同上，18 頁
(54) 同上，20 頁
(55) 藤原正彦「読みから育つ国語力が日本を支える」 ベネッセ教育研究開発センター『VIEW21』2005 年，17 頁
(56) 伊藤進『創造力をみがくヒント』講談社，1998 年，31 頁
(57) 前掲（16），71 頁
(58) 市川伸一『学ぶ意欲の心理学』PHP 研究所，2001 年，207 頁

# 謝　辞

　横浜国立大学教育学部の学生だった25年前，本もろくに読んだことがない所謂劣等生であった。卒業論文のゼミに参加することも数えるほどであった。教員採用試験には合格していたが，卒業が危ぶまれていた。そんななか，「勤めてからがんばればよいでしょう」と，私の卒業に奔走してくださったのが，井関義久先生（桜美林大学名誉教授）である。先生には本書の校閲をしていただいた。学生の時よりも，卒業後のほうがはるかに長い時間のおつき合いになる。先生の存在がなければ，本書の刊行どころか教職の道に就けていたかどうかもわからない。感謝の言葉がいくらあっても足りないほどである。

　総合的な学習の実践面でも多くの方にお世話になった。田植えや稲刈り，シイタケ栽培の指導として，毎年数回，秋田県横手市から20名を越えるJAの職員や青年部の皆さんが私の勤務する学校に来てくださる。JA事務局の高橋耕平氏，高橋達也氏，前青年部長の佐藤孝弘氏，現青年部長の篭谷亨氏をはじめ，多くの方のご支援により食育の推進ができた。

　また，日程や交通機関以外のすべてを児童が決定する遠足や修学旅行を実施する際，JTB課長，梶川和也氏には多くのご助言をいただいた。児童はただ教師の指示どおりの活動をするのではなく，各教科等で学んだことを活用し，自らの判断や思考で校外学習を組み立てていった。

　最後に，相模原市教育委員会教育長の岡本実先生からいただいた多くのご示唆にも御礼を申し上げたい。総合的な学習が導入された10年前，結果よりも過程が大切だというご教授が本書のきっかけになったことはまちがいない。

　多くの方の支えがあっての刊行であることを，改めて感謝申し上げる。

2009年11月

齋藤　浩

# 索　引

■あ行
依頼獲得型情報　12,16
生きる力　2,5,153
意見　48-50
一般論　46,47
一方通行型情報　11,13
意図的な順序　80
引用や会話文の挿入　105
演繹　33
　　——的統合　52,59
　　——的な推論　134
演劇式　169
置き換え　44,45
思いこみ　110

■か行
解説　98
仮説形成　29
活用　37
　　——力重視　172
キーワード　95
帰納　31,136
　　——的統合　52,57
逆算　139
逆説　101
逆の発想　122
空間に応じた分類　61
具体的→抽象的　79
具体物　93
グラフや表　91
結論　107,112,113
原因を追究　148
言語活動の充実　3,171
効果や説得性の高い順序　77
言葉遣い　119

■さ行
作文指導　118

時間的な順序　74
時間に応じた分類　62
思考の順序　76
事実　48-50
　　——や具体例　108
自然獲得型情報　12,25
実験・観察　160
順接　97
小→大　79
照合　126
譲歩　102
情報活用能力　10
心情や感じ方に応じた分類　69
推測　48-50
制限　101
成功モデル　146
精選的統合　52,54
前提　142
双方向通行型情報　12,14
属性　90,91
　　——間の特徴　96

■た行
代替　125
対比　103,130
　　——する現象に応じた分類　68
　　——する行動に応じた分類　68
　　——する材料に応じた分類　67
対立する意見に応じた分類　66
探究　5-7,9,10
段落構成　84
抽象的　114
データ　161
転換　101
展示コーナー分離式　166
討論会やディベート　156
特定論　46,47
ともに製作　158

*176*

■な行
内省獲得型情報　12,23
ニュース番組式　163

■は行
背景に基づいた分類　70
背景法則に基づく推測　29
パネルディスカッション式　166
PISA 調査　2,172
人に応じた分類　60
フォーラムディスカッション式　168
付加　97
プログラムアドベンチャー　157
分析結果に応じた分類　65
分析内容に応じた分類　64

分析方法に応じた分類　63
平易→難解　79
偏見　48-50
補完的統合　52
本論　90

■ま行
身近→広域　79
未来に対する展望　116
問題提起　85-89,107

■ら行
例示　100
論証　99

＜著者紹介＞

齋藤　浩（さいとう　ひろし）
　神奈川県相模原市立大沼小学校教諭
　1986年　横浜国立大学教育学部卒業
　2004年　佛教大学大学院教育学研究科修了（教育学修士）
　相模原市立相原中学校教諭，同東林中学校教諭，同淵野辺小学校教諭を経て現職
　現在，佛教大学研究員，東京都町田市南第三地区委員
　日本国語教育学会会員，日本生涯教育学会会員

＜主要論文＞

「情報活用能力が育む話す力」（日本国語教育学会）2008年
「小学校の修学旅行における教師主導から児童主体へのパラダイムシフト」（佛教大学教育学部学会）2008年
「親たちはなぜ自制が利かなくなったのか」（佛教大学教育学部学会）2009年
「モンスターペアレントの実態と対応策に関する課題」（日本生涯教育学会）2009年

---

これからの「総合的な学習」——情報の活用力を育む——

2009年11月30日　第1版第1刷発行

　　　　　　　　　　　　　　　　　著者　齋藤　浩

発行者　田中千津子　〒153-0064 東京都目黒区下目黒3－6－1
　　　　　　　　　　　　電　話　03（3715）1501㈹
　　　　　　　　　　　　FAX　03（3715）2012
発行所　株式会社　学文社　http://www.gakubunsha.com

©SAITO HIROSHI 2009　　　　　　　　　　印刷所　新製版
乱丁・落丁の場合は本社でお取替します
定価はカバー，売上カードに表示

ISBN 978-4-7620-1999-9